【文庫クセジュ】

ソフィスト列伝

ジルベール・ロメイエ＝デルベ著
神崎繁／小野木芳伸訳

白水社

目次

序文

ゴルギアスは『ヘレネ称賛』と『パラメデス弁明』を書いた。これらの著作で彼が意図したのは、ヘレネ(1)やパラメデス(2)にまつわる好ましからざる評判、つまりヘレネであれば姦通《かんつう》、パラメデスであれば裏切りの責めを負うがゆえの好ましからざる評判を覆すことにあった。これと同様に、こんにち、弁論の技を誇示するためではなく、もっぱら歴史的・学問的真実を求めて、「ソフィスト称賛」とまではいかなくとも、せめて「ソフィスト弁明」を著わすのは時宜《じぎ》を得たことではあるまいか？　というのも、ソフィストたちの著作はほとんどすべて消滅していて、われわれが彼らの学説を知る際の資料は主として、ソフィストを攻撃している哲学者の、つまりプラトンおよびアリストテレスの著作ということになる。プラトン・アリストテレスの思想が西洋形而上学の骨格を形成するに至ったという歴史的なめぐり合わせのために、ソフィストに対してもっと好意的な証言は忘却の淵に投げ込まれてしまったのである。呪われた詩人が存在するように、呪われた思想家というものが存在したとすれば、まさしくそれはソフィストである。

(1) スパルタ王・メネラオスの妻でありながら、トロイアの王子・パリスを誘惑したとして、トロイア戦争のきっかけを作ったと非難される〔訳注〕。
(2) トロイア戦争で、オデュッセウスの奸計でトロイア側に寝返ったと非難される〔訳注〕。

「ソフィスト」という名前自体、本来は「知者」を意味するものであるのに、原義から逸脱して偽りの知識の所有者の同義語になってしまっている。つまり、人を騙《だま》すことばかりを狙い、そのためには詭弁《きべん》を弄《ろう》することも辞さない者のことである。アリストテレスは、師のプラトンの判定を踏襲して、ソフィストを「見せかけの、ありもしない知恵を有する者」と名づけ、「ソフィスト的論議」は誤謬《ごびゅう》推理の同義語となった（『詭弁論論駁』第一章一六五a二二—二三参照、また『トピカ』第一巻一〇一a三—四では「実際の推論ではなく、見かけの推論」に言及されている）。

「ソフィスト」という名前の信用が失墜しているばかりではない。ソフィストの主要な所説が提示されるにあたってこれまで典拠となってきたのは、あまりにしばしば、プラトン哲学がソフィストに加えた論駁《ろんばく》であった。このように、ソフィストについて従来われわれが持っていたイメージは論駁による歪《ゆが》みの結果生じたものであり、このイメージに従うと、ソフィストは最初から敗者と決まっていて、その存在理由は誤りを犯すことでしかないということになる。

以下に見るように、ソフィストはそれぞれ、その人となりにおいても学説においても各人各様で、非常に異なっている。では、一体どのような共通の特徴ゆえに、ソフィストたちはソフィストという呼称で一括されるのだろうか？　その共通の特徴としてはおそらく、言語に関する問題への関心だとか、自然《ピュシス》と法《ノモス》の関係についての問題提起などといった、幾つかのテーマが挙げられるだろう。しかし、最も重要なのは、この点ではないのだ。相互に際立って異なった個性をもつソフィストのそれぞれを結びつけるのはむしろ、歴史上似たような時期に活動し、また社会的に似たような地位を占めていたという事実である。

ソフィストが現われる以前にギリシアで教育者の役割を担ったのは詩人であった。ソフィストの活動の誕生が可能となるのは、ホメロスの朗読がもはやギリシア人にとって唯一の文化的な糧《かて》ではなくなった時である。これは、ウンターシュタイナー（『ソフィスト集成』第二巻二四〇頁）の言うように、貴族文明の危機と時を同じくする。しかしながら、ソフィスト思潮の飛躍を可能にしたのは民主的制度であり、そのおかげでソフィスト思潮はほとんど必要不可欠なものになった。つまり、これ以後、権力の獲得には、言葉の使い方と議論の仕方を完全に身につけることが必要になったのである。もはや命令するだけではなく、説得しかつ説明することが必要となったのである。こういうわけで、イェーガー（『パイディア（*Paideia*）』）によれば、ソフィストは「みな中流階級の出身で」、一般的には民主制度にはかなり好意的であったように思われる。もちろん、ソフィストの最もすぐれた教え子は貴族であったが、これは、民主政下では要職に従事する者がしばしば貴族の間から選ばれ、ソフィストのもとに通った貴族の青年たちが民主制度の規則に従うことを受け入れていたという事情による。それ以外の貴族たちは、現実の政治生活に不満を鳴らしていたのである。他方、ソフィストは知の専門家であった。知識やその教授を自分の職業および生活手段としたのは、ソフィストが最初である。この意味では、ソフィストは、現代の知識人の社会的地位を創始したと言えるのである。ソフィストの興味の対象は、文法から数学にいたるまで知のあらゆる分野に及んだと思われるが、この「学問好き」のソフィストが目指したのは、理論的な知識の伝達ではない。ソフィストの狙いは、エリート市民の政治面における人間形成ということであった。

結局のところ、ソフィストは諸国遍歴の思想家であった。もっとも、彼らの成功の一番の魅力的な舞台となったのはアテナイなのではあるが。ポリスからポリスへと教えてまわるうちに、ソフィストは相対主義の鋭敏な感覚を養い、歴史上初めて、批判的思考を我が物とすることができた。みずからの一種の国際的な立場のおかげで、ソフィストはポリスの狭苦しい枠を脱することができたのであり、ソフィストによる個人主義の発見も、この国際的な立場によって説明がつく。ソフィストは、いわば自ら身を運ぶことによってさまざまな思想の流通を促進したのであり、プラトンがソフィストの特徴を叙述するにあたって、好んで貿易および通過の比喩を用いたのもおそらく、ソフィストによるこの種の流通を念頭に置いてのことであろう。対話篇『ソフィスト』でプラトンが行なったソフィストに対する諸定義のうちの「三つ、つまり諸定義の半分が、商業活動に関わりを持つものである」というジェルネ（『古代ギリシアの人間学』フラマリオン社、〈領域〉叢書、一九八二、二三七頁）の指摘は正当である。以上の類似点はあくまで外面的なものであるから、われわれとしてはソフィストの思想を一人ずつ順を追って紹介していくのが妥当であると考えるが、その際、典拠としてわれわれのもとに伝承されている断片は、きわめて乏しい場合があることをお断りしておく。

第一章　プロタゴラス

I　生涯と著作

プロタゴラスは紀元前四九二年頃、アブデラ〔トラキア地方のエーゲ海に面したネストス川河口のポリス〕で生まれたと現在では考えられている[(1)]。プロタゴラスは、マイアンドリオスの息子であった。

(1) 従来、紀元前四八六年〜四八五年の生誕とされてきたが、これは誤りである。ウンターシュタイナー『集成』第二巻一五、同『証言と断片』第一巻一四注参照。

複数の証言中で、プロタゴラスはデモクリトス〔同じアブデラ生まれの原子論者〕の弟子とされている。これが信用するに足りるかどうかは、デモクリトスに関してどの年代記を採るか、つまりデモクリトスの生年を紀元前四六〇年とするアポロドロスを採るか、紀元前四九四年とするディオドロスを採るかによる（デュプレール『ソフィスト』二八頁以下参照）。

フィロストラトス〔紀元前二世紀の『ソフィスト伝』の著者〕は、プロタゴラスはペルシアの僧侶の行なう秘儀に与《あずか》っていたと主張する。プロタゴラスの父マイアンドリオスはとても裕福であったため、ペルシアのクセルクセス王を自宅で歓待することができ、クセルクセス王のほうはといえば、感謝の印として、通常はもっぱらペルシア国民に限って与えられる教養を若きプロタゴラスに授けるよう僧侶らに命じた。そこでプロタゴラスが授かった教養の内容こそが、プロタゴラスの不可知論の元になったものであろう、というのである。事実、ペルシアの僧侶は、自分たちの信仰内容を秘密にしている。しかし、この話はありそうにないことばかりでできている。こうした話がでっちあげられた動機は、プロタゴラスの宗教上の懐疑主義は異国からの影響によるものだと申し立てることで、これを免責しようということにある。この話では、ペルシア王その人の登場を説明するために、プロタゴラスに金持ちの父親がいたことになっているが、別の複数の証言では、プロタゴラス家の慎ましい生活が引き合いに出され、プロタゴラス自身まず手仕事に従事するところから身を起こし（断片A一およびA三〔以下、断片の引用については、「訳者あとがき」を参照〕）、ソフィストとして身を立てると、「報酬と引き換えに質問に答えることを考え出した最初の者」（断片A二第四節）となったとされているのである。実際、ソフィストは教師として報酬を得ていたが、それは人がプラトンの言葉を鵜呑みにしてそう信じてきたように限りない物欲に動かされてのことではなく、その理由はまったく単純に、現代の教師と同様、生活のためには報酬が必要だったからである。プロタゴラスの最初の職である手仕事について言うと、それが本当だという確かな証拠がある。というのも、その証拠というのが、『教育について』と題する若きアリストテレスの著作の一節であるからである。アリストテレスのこの著作からわれわれは、プロタゴラスが「その上に重い荷物を載せて運ぶための、テュレーと呼ばれる道具を発明した」（断片A一第五三節）ということを知ることができる。テュレーとは、通例、マットレス、あるいは詰めものをした茣蓙《ござ》、あるいは頭当てに使うクッションのことを指すのであるが、ジャニーヌ・ベルティエは、エピクロスの著作やアウルス・ゲリウスの著作の一節を典拠として、プロタゴラスの発明というのは、本当は柴の束が外から紐をかけなくても柴だけでまとまるようにする荷造りの仕方であったと解釈する。そうであるとすれば、「プロタゴラスの着想は力学的というよりは幾何学的であり、ともかくも手工業的というよりは数学的であったといえよう」[1]。しかしながら、テュレーなるものの正体に関するこの巧妙な解釈にも一つ難点があり、それは、ディオゲネス・ラエルティオスが[2]、テュレーとはクッションのことだと述べ、しかもまたディオゲネスは、くだんの柴の束のまとめ方の話も承知しているという点である。ディオゲネスは、デモクリトスはプロタゴラスが柴を束ねる手際の良さを見て、将来ソフィストとなるプロタゴラスの頭の良さに気づいたらしい、と言っている（断片A一第五三節）。したがって、プロタゴラスの発明というのは、一つだけではなく二つあったのであろう。つまり、荷物の詰め方とテュレーの二つであって、こう理解すれば、ディオゲネス・ラエルティオスに出てくるテュレーという語にも、それにふさわしい意味を充てることができよう。したがって、プロタゴラスによるテュレーの発明は、われわれには数学的というよりは技術的であると思われ、これは彼の、思弁的であるというよりは実践的な知の捉え方とも合致する。そして、このような知の捉え方は、プロタゴラスの弟子であるイソクラテス[3]の教育に関する理想のうちに再現されることになる（断片A三）。

（1）P・M・シュール監修『アリストテレス　断片と証言』（PUF社、一九六八）一四六頁を見よ。ただし、この主張はプロタゴラスが数学に対して不信の念を抱いていたと思われる点とは相容れない。断片B七およびウンターシュタイナー『証言と断片』第一巻八四記載の断片B七aを参照。後者はシンプリキオスのテクストで、そこではプロタゴラスはエレアのゼノン〔紀元前五世紀の哲学者で、パルメニデスの弟子、不生不滅な一者の存在を説いた師の一元論を徹底させて運動の否定を主張した〕と対立している。

（2）紀元後三世紀前半の著作家で、その著『ギリシア哲学者列伝』によってしか知られない〔訳注〕。

（3）紀元前五世紀から四世紀にわたってほぼ百歳の長寿を保ち、アテナイに設立した弁論学校を通して幅広い教育を行ない、ソフィストに反対すると同時に、プラトンのアカデメイアにおける哲学教育にも対抗した弁論家〔訳注〕。

プロタゴラスが政治上は民主政に好意的な意見を持つわけは、おそらく、先にも触れた彼の出身階級に求められる（この点に関してわれわれはA・バヨナ「プロタゴラスにおける政治術」『哲学評論』一五七号（一九六七）四三頁に同意する）。実際、プロタゴラスは、アテナイ民主政の偉大なリーダーであるペリクレスの友人で、一緒に丸一日を費やして法律上の責任問題を論じ合うほどペリクレスと親しかったことが知られている（断片A一〇）。他方、また特記すべきは、紀元前四四四年、ペリクレスおよびアテナイの民主制度により、トゥリオイ〔イタリア半島の先端近くに位置するポリス〕の国制の制定者としてプロタゴラスが任命されたことである（断片A一第五〇節）。トゥリオイというのは、クロトン〔紀元前七〇九年に設立されたポリスで、ピュタゴラス教団が栄えた〕が破壊したシュバリスの跡地に、アテナイの後押しでギリシア諸都市が建設を決定した植民都市である。ウンターシュタイナーは、この国制の精神が取り立てて民主的であるとは言えず、それというのも、その建設に際して汎ギリシア主義が支配的であったためだと主張する。[1] われわれとしては、こうした議論は却下できると考える。なぜなら、スパルタがこの植民計画に参加するのを拒否したことを、われわれはディオドルス・シクルスの文書から知ることができるからである（ガスリー「ソフィスト」『ギリシア哲学史』第三巻所収を参照）。したがって、この植民計画に協力した諸都市はアテナイの衛星諸都市であったはずで、してみれば、トゥリオイの国制は民主的なものでしかありえなかったわけである（バヨナ前提論文、四六頁、注九においても同様の見解が示されている）。

（1）『証言と断片』15注。実際、ウンターシュタイナーは、『集成』の二三三～二八三頁を占める補遺「ソフィスト思潮の社会的由来について」において展開した説を弱めようとはしていない。ウンターシュタイナーによれば、ソフィストの活動は本質的に貴族主義的なイデオロギーと結びついたものである。ウンターシュタイナーはそのなかで、ピュタゴラス主義とソフィストの術の間に密接な連関を見て取るロスタンニ（Rostagni）による分析（二五七頁）、およびコルバート（Corbato）によるそれ（二七三頁、注二四）にも依拠している。

プロタゴラスの民主政への共感は、さらに、彼がアテナイで不敬虔の廉《かど》で告発された訴訟沙汰からもうかがえる。実際、プロタゴラスは宗教上の不可知論を表明しており、彼の『神々について』という著作はこんなふうに始まっていた。

「神々については、神々が存在するという知識も、神々が存在しないという知識も私は有しないし、また神々がどのような姿で現われるのかということに関する知識も私は有しない。実際のところ、こうしたことを知るのに妨げとなる事柄が数多いのである。すなわち、神々がその性格上秘密であることや、人間の生が短いという事実がそれである」(断片B四)。

ところで、この訴訟におけるプロタゴラスの告発者の名はピュトドロスという者であり、この男は四百人支配の一人[1]であり、つまりは寡頭派の支持者である(断片A一第五四節)。訴訟が実際にあったことは、アリストテレスの証言により確認されている〔ローゼ編第二版・断片五六=ローゼ編第三版・六七=ロス編、一六頁〕。くだんの不可知論はおそらく単なる口実だったのであろう。プロタゴラスはアテナイを離れるよう勧告され、人びとは彼の著作を広場で焚書に付すことで満足した(断片A一第五二節、A三、A四)。

(1) ペロポネソス戦争中の紀元前四一一にアテナイで樹立された寡頭派によるクーデターで、四一〇年には民主政が復活した〔訳注〕。

プロタゴラスはソフィストの思潮の先導者である。実際、彼は有料の公開授業を創始したし、その料金の見積もり方さえ定めている(断片A六=『プロタゴラス』三二八B)。彼が教授活動の目的としたのは将来の市民の人間形成であり、これがために、彼は自分のソフィストという肩書きを声高に言い立てたのである(断片A五=『プロタゴラス』三一七B、三一八A、三一八D、三一九A、三四九A)。他方、プロタゴラスは、諸国を巡って教授活動を行ない、数回のアテナイ滞在の折りには、とりわけエウリピデスのもとに通い(断片A一第五四節)、また、シケリアまで足を伸ばすことさえしている(断片A九=『ヒッピアス大』二八二D—E)。プロタゴラスは、紀元前四二二年頃、四十年の教授活動の後に七十歳で死んだ(断片A八=『メノン』九一D—E)。彼がその後のギリシア文化全般に及ぼした影響は大きく、それは現代哲学にさえ及んでいる。哲学およびソフィストの術についての伝統的な見解を覆してニーチェが以下のように書く際には、プロタゴラスを意識しているのである。「これはいくら強調しても足りないことだが、かの偉大なギリシアの哲学者たちは、ギリシア固有のあらゆる価値の衰退を表現しているのである。(……)これは非常に特異な時である。ソフィストたちは、最初の道徳批判、道徳への最初の透徹した見方に触れている」[1]。

(1) G・コルリ/M・モンティナリ編『フリートリヒ・ニーチェ全集学生版』(デ・グリュイター社、一九八八)第十三巻、二九三頁、春一八八八年14〔一一六〕(白水社版『ニーチェ全集』第二期・第一巻一一五頁)で行なわれているプロタゴラスの引用の敷衍を参照。そこでニーチェは付言して「知識論に関する認識や道徳に関する認識の進歩はどれもソフィストを復活してきたのである。……われわれのこんにちの思考様式は高度にヘラクレイトス的、デモクリトス的、プロタゴラス的である……」と述べている。

プロタゴラスの著作について言うと、ディオゲネス・エラルティオスは雑然とした著作目録をわれわれに伝えているが(断片A一第五五節)、この目録には三つの重要な著作名が欠けている。すなわち、『神々について』と『真理』と『存在について』の三つである。ウンターシュタイナーの仮説によると、ディオゲネス・ラエルティオスの著作目録に載っている題名は、プロタゴラスの二大著作の一つである『対立論法』を成すさまざまな章の題名であるとされる。ちなみに、二大著作のもう一方の題名は『真理』もしくは『打倒論法(Kataballontes)』で、後代にはまた別名『大論』と称されることになる(『集成』三〇〜三七頁)。

プロタゴラスの学説を提示するにあたって、それにどのような構造を与えるかということは、とりわけプロタゴラスの場合には抜き差しならない問題となる。なぜなら、その構造いかんによって、当の学説の意図や意味が変わってくるからである。プロタゴラスの学説はたいてい懐疑的相対主義と解釈されるが(そのような解釈をフッサールも『第一哲学』第一巻において行なっている)、この場合、プロタゴラス説の建設的な面が見過ごされていることになる。なぜなら、そこでは、人間尺度命題の主張がプロタゴラス思想の歩みのなかに正しく位置づけられていないからである。人間尺度命題の主張には少なくとも三つの契機があり、その順序が重要である。三つの契機とは、対立論法の開示、次いで人間尺度の発見、そして最後に強弁の完成である。第一の契機は否定的なものであるが、続く二つの契機は建設的なものである。

II 「対立論法」

ディオゲネス・ラエルティオス〔第九巻五一節〕の言によれば、「あらゆる事柄に関して相矛盾する二つの言説があると言ったのはプロタゴラスが最初である」（断片B六a）。二通りの言説というのは『対立論法』の主題を成していたことであり、また、これによりプロタゴラスは、ギリシア精神に深く根ざしたある感覚を表現しているのである。この感覚は、ギリシアの宗教画での多神教とも密接に関連している。ところで、多神教の原理というのは、神性が散乱しているということであり、つまりは、多数の神々が存在していて、その神々は、しばしば対立抗争しながら互いに力の均衡を保っているというものである。この神々の各々が明確な個性を持つところから、宇宙のさまざまな力が識別されていたことがうかがわれる。したがって、世界を多元的かつ多焦点的に捉える精神は、分裂や裂目といったことを進んで口にすることになった。それゆえ、時間は、一様な部分へと分割された等質的な場とは感じられぬことになった。機械仕掛けの時計はまだ存在せず、したがって、等しい単位部分から成る時間の長さというものが生み出されることはなかった。こうした時間とは逆に、ここでの時間とは、好機（kairos）という時間である。[1] これはある人に訪れたかと思えば今度はまた別の人に、という具合に不規則に現われたり消えたりする時間であり、したがって、けっしてすべての人にとって好ましいということのない時間である。このように気まぐれな動きをする時間のために、それは折良く起こることも折悪しく起こることもあることになるが、こうした状況に拍車をかけるのが、場所的な分散ということである。すなわち、等質的な時間が存在しないのと同様に、等質的な空間も存在しないのである。ギリシアの政治世界を形成しているのは無数のポリスであり、これはすなわち散乱した原子的力といったもので、相互に絶えずぶつかり合い対立抗争しているものである。ポリスからポリスへと放浪するソフィストは、絶えず脱中心化の感覚を抱いていた。ソフィストが、こうしたポリスの言説を歌いあげる吟遊詩人として、首尾一貫していないのは当然である。しかし他方、ウンターシュタイナーは、プロタゴラスの考える対立論法と、アイスキュロス[2]の悲劇に育まれた風土との関連性をことさらに強調する。悲劇の筋が繰り広げられる状況のなかでは、主人公は葛藤の苦しみに置かれ、主人公の採りうる行動が命じられると同時に禁じられるようなものに限られている以上、ここでは一面性というものはありえない。たとえば、『供養する女たち』で主人公のオレステスは、神の意向を満足させるには、母親殺しを遂行すべきでもあると同時に遂行すべきでもない。悲劇的な緊張が高まるのを感じて、オレステスは叫ぶ。「アレスがアレスと争い、ディケがディケと争う！」（第四六一行——アレスは戦争の神で、ディケは正義の女神——この箇所はウンターシュタイナー『集成』第一巻、五一にも採用されている）。プロタゴラスにあって、あらゆる言説が矛盾を免れないという感覚は、アテナイ民主政の現実により強化されたということもありうる。つまり、政治的な決定はすべて民衆から成る民会で議論された。したがって、政治的な決定というのはつねに議論の余地があるもの、つまり、覆したり変更したりできるものと感じられた。この、政治的決定を覆しうるということこそ、アリストファネスがデーモス〔民衆〕を非難する際の最重要点の一つである。多数の人びとから成る集まりが満場一致となることは滅多にない。意見は割れるのが普通であって、民主体制の特性とは、反対の立場を許容すること、すなわち有力な言説に対立する言説に含まれうる正当性を、然るべき仕方で認めるところに存するといってよい。政治的な論争にあっては、人びとは対立抗争する二つの党派が互いに反対の言説を語るのを聞くことができ、そこから「あらゆる事柄に関して、互いに矛盾する二つの言説が存在するのだ」ということを教えられる。こうした意見の対立の起源が論戦的闘争的性格のものであることは、プロタゴラスが可能であるという言説が二つの言説であって、複数の言説ではないというところから察せられる。実際、戦いはすべて二派の間の戦いにきまっている。ラテン語の「戦い（bellum）」が「二派（duellum）」に由来するという語源解釈の背景でもある。こうした論戦的な性格はギリシアの裁判制度のなかにも見ることができ、この裁判制度にあっては、訴訟はすべて戦闘の形を取って行なわれる。裁判の行なわれる空間は、協力の行なわれる空間というよりは戦闘の行なわれる空間であって、二派それぞれの弁護士が対立抗争する空間である。訴訟を意味するギリシア語（agōn）は、それ自身、やはり戦闘を意味する語である。

（1）このプロタゴラスにとって肝要な主題（断片A一）は、テオグニス〔紀元前六世紀前半のメガラのエレゲイア詩人〕およびバッキュリデス〔紀元前六世紀の叙情詩人〕にも見られる。ルネ・シェレール『古代の人間』（ペイヨ社、一九五八）一三三頁および一三六頁参照。

（2）三大悲劇作家の一人で、『アガメムノン』、『エウメニデス』、『供養する女たち』の「オレスティア三部作」は、古典期の悲劇の形態を完全に残すものとしては唯一のもの〔訳注〕。

また、プロタゴラスにとって対立論法の下地となったのは、ヘラクレイトス的な[1]土壌で育ったという事実でもある。ヘラクレイトスと同じく、プロタゴラスはイオニア人であった。ところで、ヘラクレイトスの思想は、あまりにしばしば万物流転説と片づけられるが、その思想の核心を成すのはむしろ、実在は矛盾したものであるという見方や、矛盾した二者が相互に内在しているという主張である。こういうわけで、ヘラクレイトス思想にあっては、宇宙の根本は闘争である。「戦いは万物の父であり、万物の王である」（DK断片B五三）。ヘラクレイトス思想とプロタゴラス思想の間の結びつきは、プラトンの

『テアイテトス』でも、アリストテレスの『形而上学』第四巻でも強調されている。しかし、思想の表現法という次元では、ヘラクレイトとプロタゴラスの間には一つの違いがある。つまり、ヘラクレイトスが「ある」という動詞の使用を禁じることにより、あらゆる実在に内在する矛盾を言説そのもののなかに表現してみせたのに対して（DK断片B八、B六〇、B六二、B六七「神は、昼夜、冬夏、戦争平和、飽食飢餓」）、プロタゴラスの弁論術は、矛盾を直接表現することを断念し、矛盾を対立論法に、すなわち、各々の内部では整合していながら二つ突き合わせると両立しない二つの言説へと切り分けたのである。どんな実在も、言語化されるときには、それがどんな言説になろうとその言説を必然的に真っ二つに切断し、二つの主張を克服不能な反対関係に置くことで言語を自己自身と対立抗争させてしまうのである。この言語に関する切断は、パルメニデス[2]の、臆見の言語と真理の言語との間の切断とはまったく別の事柄である。パルメニデスのように臆見に対して真理に優先権を与えるような形で両者を区別するとなると、思考する力のある言葉の特質である切断は、事実上まったく失われてしまうのである。プロタゴラスがパルメニデスの存在論に満足することができない理由は、パルメニデスの存在論が、多を犠牲にすることで一般性という不幸に陥るからである。存在論の言説は空虚な言説であるがゆえに、プロタゴラスは臆見と真理の区別はいっさい拒絶するのである。プロタゴラスは臆見《ドクサ》を復権させたのであるが、それは、臆見のなす絶えざる反駁こそが生の法則となり、また、きらめくような実在のさまざまな顔となるからである。プラトンは、〈善〉の問題に関してプロタゴラスのこうした論証に触れ、プロタゴラスに、「〈善〉は色とりどりの（poikilon）ものである」と語らせている（『プロタゴラス』三三四B――同様の解釈は、デュプレール『ソフィスト』三八―四一頁を参照）。したがって、『プロタゴラス』はパルメニデスの〈存在〉のなかに矛盾を導入したわけであり、その意味でヘーゲルに称賛されたのも当然である（『哲学史講義』第一部第一篇第二章A「ソフィストの哲学」「したがって、ソフィストたちは弁証法（ディアレクティク）……

を対象としていたのであり、それゆえ、深遠な思想家であった」)。

(1) 紀元前六世紀後半、イオニアのエフェソスで活動した哲学者で、抗争を通した調和、対立のうちの均衡を主張した〔訳注〕。

(2) 紀元前六世紀末から南イタリアのエレアで活動した哲学者で、不生不滅の唯一の「存在」という強力な一元的存在論によって、イオニアの多元論的な自然哲学を批判するとともに、そのような生成変化する世界を「臆見の道」として描いた〔訳注〕。

プロタゴラスの『対立論法』の構想を、われわれはプラトン『ソフィスト』の一節に基づいておおよそ知ることができる。この対話篇で、プラトンは、ソフィストを本質的に反対論法(antilogikon)を操る者であると定義している(二三二BC――この箇所はディールス=クランツ(断片B八)では、全部は記載されていないが、ウンターシュタイナー『証言と断片』85以下ではこれが補完されている)。『ソフィスト』の登場人物であるエレアからの客人は、対話の相手のテアイテトスに、ソフィストがどんな分野で自分の弟子を反対論議に耐えるよう仕込むかを、ともに調べることを勧める(二三二B)。そして、この節の終わりになって、エレアからの客人がプロタゴラスの著作のことを言っているのに気づく(二三二D)。当の分野とは、まずは不可視なものの領域であり、次いでは、可視的なものの領域である。不可視なものの領域では、神的なものの問題が提起される(二三二C)。可視的なものの領域で提起されるのは、宇宙の問題(プロタゴラスはそこで大地と天空を検討している)、存在論の問題(プロタゴラスはそこでは生成と存在を吟味している)、政治の問題(プロタゴラスはそこでさまざまな法制度を叙述している)、そして最後に個々の技術《テクネー》および技術全般の問題である。この一覧表を利用すると、こんにち伝わっているプロタゴラスのさまざまな断片や著作の題名を、かなりうまく整理配列することができる。

1　不可視なもの

こうして『対立論法』は、まず「神々について」という巻から始まる。その序文は、先に引用しておいた（断片B四＝DL第九巻第五一節、また断片A三、A一二をも参照）。ここに見られるプロタゴラスの不可知論は、神々への信仰と無信仰という、相対立する二つの言説の合力もしくは均衡点である。これら相対立する二つの言説が打ち消し合い、どちらかが一方的に勝利することがないのは、問題となっているのが、不可視かつ秘密の領域だからである。ここでプロタゴラスが自分の答を保留ないし延期するのは、あるいは神的なものの現象学を遂行する能力がないからかもしれないし、あるいは秘儀の神学を構築する気がないからかもしれない。いずれにせよ、この不可知論は、プロタゴラス思想の次なる契機である、人間尺度命題の主張を準備するものである。神々の存在が肯定されない以上、残るところは人間であろう。その証拠としては、プラトンが『法律』でプロタゴラスの人間尺度命題に代えて、「神が万物の尺度である」（『法律』七一六C）と言っている事実が挙げられる。以上のように、プロタゴラスは、絶対者への依存をいっさい否定することにより、徹底的な人間中心主義を予告しているのである。神に関する問題に対してプロタゴラスが与えた答を見れば、人間の死後の存在をめぐる問題に対して、プロタゴラスがどんな答を与えているかを推測することができよう。彼は、この問題を「冥府《ハデス》で起きる出来事について」と題する文章で検討していたのである。プロタゴラスは、魂が不死である可能性を完全に否定することはせずに、冥府で人間に何が起きるかを確実に知る能力がわれわれにまったく欠けている点を強調したにちがいない。かくて、守護者としての神の現前は、生前においても死後においても、人間の視界からは消えた。人間は、再び、身に覚えのある世界にひとりぼっちで立ち戻るのである。

2 可視的なもの

(A)プロタゴラスの宇宙論についての思索は失われ、これに関するエウスタティオスによる漠然とした言及が残るのみである（断片A一一）。

(B)プロタゴラスの存在論は「存在について」という題の節で展開されているが、その本質的はエレア派への批判である。プラトンはこの論考をよく知っていた。というのも、ポルフュリオス[1]の言うところでは、プラトンが行なったのは、存在は一であるというパルメニデスの主張に対するプロタゴラスによる論駁の繰り返しにすぎないからである（断片B二）。言うまでもなく、このエレア的存在論への批判は、実在は二面的であって言葉は覆しうる、という対立論法的な世界観の必要条件を成すものであった。エレア派の存在論は、みずからが追放しようとした矛盾のなかに陥らざるをえない。というのも、パルメニデスの哲学詩に見られるように、この存在論は、臆見による言説にもその存在を認めて、場所を譲らざるをえないからである。エレア派の存在論は、完結した、真理の一元論には達することができないのである。

（1）紀元後三世紀の新プラトン主義者で、師プロティノスの著作『エンネアデス』を編纂するとともに、その伝記を著わし、また、みずからの著作には『アリストテレス範疇論入門（エイサゴーゲー）』などがある〔訳注〕。

(C)政治と法は、物事を対立論法的に捉える見方にとっては、特別な意義を有する領域である。人間学的な領域では両義性が支配するのであり、プルタルコスが言及しているファルサロス〔テッサリアの町〕のエピティモスの死についての議論は、『対立論法』のこの節に置かれていたにちがいない。「実際、五種競技の最中にある競技者が投げ槍を投げて故意にではなくファルサロスのエピティモスに当てて死なせてしまうという事件が起きたときに、ペリクレスはプロタゴラスと丸一日を費やして、最も正確な議論を期す場合、この惨劇の原因と見なすべきは、投げ槍なのか、それとも槍を投げた者なのか、それとも競技の主催者なのか思案した」（断片A一〇＝プルタルコス『英雄伝』「ペリクレス伝」第三六節）というのである。

この議論の狙いは、責任のさまざまな段階を定めることにあるのではなく（古代法にあっては物的対象も有罪を宣告されることがありうると主張されている）、C・レンシ（Rensi）の解釈によると（ウンターシュタイナー『集成』第一巻五九頁の引用による）、責任というものが恣意的にしか定めえないという点が、この議論の示すところであったにちがいない。エピティモスの死については三つの原因を挙げることができるが、観点次第でどれも正当なものとなる。エピティモスの死の原因は、医者にとっては投げ槍であり、裁判官にとっては槍を投げた者であり、政治的権力者にとっては競技の主催者である（同『集成』六〇頁）。したがって、この断片の伝える教訓は遠近法主義ということであり、その言わんとするところは、具体的な裁判沙汰では、一刀両断に間違いなく問題を解決してくれるような、絶対的かつ自体的な正義など存在しないということである。

(D)この遠近法主義に調和しない学問があるとすれば、それはまさしく数学であり、これはプロタゴラスの目から見れば技術《テクネー》であった。それゆえプロタゴラスは、数学も対立論法的であって、他の技術と同様、自己矛盾を抱えていることを示そうとするのである。実際、幾何学からわれわれは、円に引かれた接線がこの円に唯一の点で接するということを学ぶが、われわれが実際に感覚の対象である円と直線を作図してみるならば、われわれは、その直線が円に接するのはつねに複数の点においてであることに気づき、結局のところ、けっして数学的な定義どおりの図形を得ることはできないということがわかる。ところで、幾何学の推論には図形による考察が不可欠であるが、実際に作図された図形は、数学者が図形について語る言説を否認している。「というのは、丸い輪が物差しに接するのは唯一の点においてではなく、実際はプロタゴラスが幾何学者への論駁で語っていたとおりなのである」[1]。数学が対立論法的である以上、他の諸技術が対立論法的であるのは言うまでもないであろう。こうして、『対立論法』の末尾に至って、真理についての問題提起が焦眉《しょうび》の急となったのである。

(1) 断片B七 (アリストテレス『形而上学』第三巻第二章九九八a三)。ウンターシュタイナーによる断片集には、ディールス＝クランツの断片集にはないB七aが付け加えられている。その内容は、プロタゴラスとゼノンの間の無限小の問題をめぐる論争であり、ライプニッツの微小表象の問題を先取りするものである。

III 人間尺度命題

プロタゴラス思想を成す、あと二つの契機は、プロタゴラスのもう一方の大著『真理』のなかにある。これら二つは、建設的な契機である。

『対立論法』がわれわれに示すのは、不安定かつ未決定で、つねに二重のものとして存在する自然である。まさにそこに、そのシーソーのような動きを止めて一方向に決め、決断を告げるある尺度が現われる。この尺度とは人間である。プロタゴラスの『真理』が例の有名な定式で始まるのは、こうした理由による。その定式とはすなわち、「人間は万物の尺度である、あるものについてはあるということの、あらぬものについてはあらぬということの」(断片B一＝『テアイテトス』一五二A二〜四)。

この定式は、その簡潔さのゆえに謎めいている。まず注意したいのは、人間がその尺度であるとされる「もの」を指示する際にプロタゴラスが用いる語は、**prāgma** (プラーグマ) ではなく **chrēma** (クレーマ) だということである。クレーマの指示対象はプラーグマのそれよりも特殊であり、クレーマは人が使用するもの、有用なものを指示する。metron（メトロン）という術語について言うと、これは伝統的に「尺度」と訳され、セクストス・エンペイリコス以来、「基準（kritērion）」という意味に解されている。ウンターシュタイナーは、この意味を却下して、「尺度である」というところを「支配する」と訳している（『集成』第一巻七七頁）。実際、メトロンという語には、とくに属格を伴う場合、「何かの統御」という意味があり、しかもこれは、この語の語源的な意味だとウンターシュタイナーは言う。これを証明するために、ウンターシュタイナーは、メトロンがこの意味で使われている箇所として、ソフォクレス、ピンダロス、クセノフォン、ヘラクレイトスのテクストを引証している（同『集成』第一巻一三二頁）。事実、ヘラクレイトスの永遠に生きている火は、燃えているときも尺度であるし、消えているときも尺度であると言われている（DK断片B三〇）。ところで、この尺度は世界の舵取りをする規範であり、「みずからのメトロンを遂行する、すなわち生成の統御を遂行する法則」（同上『集成』）である。メトロンにこの意味があることは語源から確かめることができるとされ、それによると、metronという語は動詞medōから派生し、この動詞の意味は「私は……を世話する、私は……を保護する、私は……を統治する」であるとされる（同上『集成』）。

しかしながら、メトロンをこのように訳すのはやや無理がある。それというのも、メトロンが遂行する統御というのは、まさしく尺度をつねに守り、尺度を付与されているもの、つまり、あらゆる支配がつねに陥りがちなヒュブリス〔驕慢〕を避けるものであるからである。メトロンは、ヒュブリスを防止するものではあるが、ヒュブリスを意のままにできるものではない。プロタゴラスの言う人間が行なうのは、統治よりもむしろ調整である。いっさいの暴力は、この人間の企図から排除されている。したがって、ウンターシュタイナーの訳語は伝統的な訳語より野心的ではあるが、結局のところ、われわれが選ぶのは伝統的な訳語のほうである。

ほかにまだ、「人間（アントローポス）」という語の指示対象の範囲はいかなるものか、という問題が残っている。この問題を最初に提起したのはヘーゲルであると思われる（『哲学史講義』前掲箇所）。プラトンの伝えるところによれば、古代の人びとは、プロタゴラスが定式化した尺度命題に出てくる「人間」は個々の人間、すなわち、固有の諸特性を備えた個人を指すものと了解していた（『テアイテトス』一五二A—B）。けれども、「人間」という語の指示対象の範囲を拡げて、「人間」が指示する対象は、偶然的な単独者ではなく普遍者、すなわち、本質的にあらゆる人間に属す人間性であると理解することも可能である。この場合、人間とは人間本性を指示することになる。これは十九世紀に現われた解釈である。しかし、ヘーゲルは、プロタゴラスの人間尺度命題に関して可能なこの二つの意味を区別したうえで、プロタゴラスはいまだこうした二つの意味を区別しておらず、一方の意味を他方の意味から導出したりすることなく混淆させているという判定を下している。実際、ヘーゲルはこう言っている。「ソフィストにあっては、主観の個別性における関心はいまだ主観の実体的合理性における関心から区別されてはいない」（『哲学史講義』前掲）。

以上のように、われわれの前には三つの可能な解釈がある。第一の解釈は、プラトンが気づいていたように、ただちに懐疑的相対主義に行き着き、そこではすべての証言が同一平面に置かれるがゆえに、当の相対主義自身が破壊されてしまうことになる。実際、プロタゴラスがこれを目にしたら、自分は判断において「自分以外のいかなる人間よりもすぐれていないばかりでなく、おたまじゃくしにさえ勝ってはいない」（『テアイテトス』一六一D）と認めるにちがいない。「かりにプロタゴラスの『真理』が真理であるとすれば」（『テアイテトス』一六二A）、人間尺度命題を教えるのは無益なことになってしまう。なぜなら、師の意見のほうが弟子の意見よりすぐれているということはまったくなくなるからである。この第一の解釈に従うと、プロタゴラスはある意味でピランデルロ〔一九三四年にノーベル文学賞を受賞したイタリアの劇作家」の遥かな先駆けとなる主張をしたということになろう。「真理は各人のものである」——こうした読み方が、プラトン自身が『テアイテトス』のこれに続く箇所（一六六DEを参照）で加えている修正を無視してまでも重視されてきた理由は、ソフィストにまとわされてきた好ましくないイメージ、つまり伝統的に格好の敵役でしかなかったイメージと合致したからであろう。

第二の解釈は、第一のものよりは良く、現象主義的な意味においてではあるが、科学的な客観性にも場を与えている。すなわち、現われのなかにあっても諸々の判断の収斂《しゅうれん》が可能であり、したがって、真理と虚偽の区別も可能だからである。この場合、従来の解釈がプロタゴラス思想を個体主義の、また懐疑主義の淵に沈めてきたのに反し、真のプロタゴラス思想が目論んだのはまさにそこから抜け出すことであったということになる。つまり、従来の幾世紀にもわたる解釈は、プロタゴラスの意図とは正反対だったというわけである。

しかしながら、プロタゴラスの人間尺度命題の解釈として採るべきは、おそらく第三の読み方であろう。ただし、その際には、人間尺度命題に対するヘーゲルの判定は、若干、修正する必要がある。実際、ヘーゲルから見れば、人間尺度命題における「人間」という語の指示対象の範囲が明確に指定されていない理由は、「人間」という概念の二つの契機を、プロタゴラスが「いまだ区別していない」（『哲学史講義』前掲箇所、傍点は引用者）からであるということになる。プロタゴラスは、母語である古典語のせいで、当の二つの契機をまだ混同して考えざるをえなかったというわけである。ところで、この場合は、マリオ・ウンターシュタイナーの評価のほうが正しく、それによれば、プロタゴラスの人間尺度命題に出てくる「人間」という語の指示対象の範囲に二通りがあるのは、過失による混同なのではなく、意図的な融合なのである。実際、「人間の指示対象がこのように二重であることによって、人間尺度命題は柔軟になり、個別的な単一性から普遍的な全体性にいたる、広狭さまざま一般性の諸段階で通用するようになる。ウンターシュタイナーによれば、個別的な人間と普遍的な人間というのは「弁証法的過程をなす二つの契機」(『集成』第一巻七八頁)なのである。真理はまさしく第一の意味から第二の意味への移行のなかにある。個人的な意見の真理性は、他の人びとの諸々の意見との合致によって検証されるのである。単独の意見も、その意見に充分な数の支えとなる意見が他にあれば、強化される。こうした、自他諸々の意見のぶつかり合いから、真理が形成されてくるのである。仮に単独の意見があって、これを補強する他の意見がまったく存在しなかったりあまりに少ししかなかったりする場合は、その意見は衰退してしまい、みずからに真理の地位を要求することはできない。少なくとも、傍流にとどまるかぎりは、そういうことになる。人間という概念の指示対象の範囲が言うなら可変的であるがゆえに、この概念は、自己自身との緊張関係にいたるのである。すなわち、諸々の個別的な意見が分立しているときに人間という概念は自己と対立し、こうした個別性が調停されるとき、人間という概念は自己の統一性を回復する。個別性という契機は実在的であるにしても、やはり否定的な契機であり、再び対立論法に陥る傾きがある。普遍化の契機は肯定的で、プロタゴラスが強弁と称するものの基礎をなす。かくて、プロタゴラスの第三の主張を吟味すべき時がきた。

Ⅳ 強弁

各個人はたしかに万物の尺度ではあるが、しかし自分の意見を主張する者が自分一人であるとすれば、各個人はずいぶん無力な万物の尺度である。他人に共有されぬ言説は、弱論(ヘーットーン・ロゴス)である。というより、これはそもそも言説とさえ言えない。なぜなら、語るということは他人への伝達であり、あらゆる伝達は自他に共通の何かを前提にしているからである。これに対して、ある個人の言説が他の人びとの個人的言説から同意を得ることができれば、この言説は、他の人びとの言説から補強されて強弁（クレイットーン・ロゴス）となり、真理となる。したがって、プロタゴラスの言う真理は、ヘラクレイトスの言う目ざめに似ているかもしれない。というのも、個人的な宇宙というのは牢獄のようなものであり、そこに閉じ込められて生活している人びとは、いわば眠っているのに対して、目覚めは共通の世界を打ち立てるからである（DK断片B八九）。したがって、弱論と強弁の理論は論争術の出生証明であるというアリストテレスの主張は誤まりである（断片A二一＝『弁論術』第二巻一四〇二a二四〜二八）。この理論は、有能な弁護人が弁舌の赴くまま、自分の担当する訴訟の必要に応じて、また自分の党派の利害に応じて、明白な真実なるものを通用させるためのものだとする根強い伝統があるが、それは本当ではない。実際は、この理論はある政治的現実、正確には、アテナイの民主政治の現実と密接に関連している。われわれはまず、幾つかの状況証拠から、こうした解釈への手がかりを得ることができる。すでに見たとおり、プラトンの主張によれば、プロタゴラスの理解する善は、善それ自体が本来あるべきような、唯一無二のものではありえないのだという。プロタゴラスが考える善とは、多面的で、飾り立てられた、極彩色の善で、要するに「色とりどりの《ポイキロン》（poikilon）善」（『プロタゴラス』三三四B）以外のものではありえない。ところで、このポイキロンという語を、プラトンは『国家』のなかで民主政治を形容するために再度使用している。民主政体というのは、「色とりどりの外套のようなもの」[1]である。第二の状況証拠は以下のとおりである。プラトンの『プロタゴラス』のなかで登場人物のプロタゴラスは、ポリスの法は万人に妥当し、「ポリスの法は命令する者に対しても服従する者に対しても、みずからに服することを強いる」（三二六D）と指摘している。ところで、この「支配しかつ支配される（archein kai archesthai）」という表現は、アリストテレスが民主政治の特徴を示すのに用いたものである。

民主体制の眼目は、権力を交替制にすることで市民の自由を保障することにある。つまり、市民は「順番に支配され支配する（en merei archesthai kai archein）」（『政治学』第六巻第二章一三一七b二）のである。ポリスの法が、統治者であれ被統治者であれ、万人に無差別に適用されるのは、民主政を特徴づける、この権力の交替に基づくのである。さて、単なる状況証拠にとどまらぬ第三の論拠を述べることにしよう。エピメテウスとプロメテウスの寓話のなかで、プロタゴラスは、政治の技術がそれ以外の諸技術とははっきり異なっていることを示した。政治以外の諸技術は専門家のものであるのに反して、政治的な徳はというと、ヘルメスは、これをゼウスの助言に従って万人に分配した。この能力は、正義（ディケー）とつつしみ（アイドース）という二つの要素から成る。「すべての人びとが正義とつつしみを分け持つようにするがよい」とゼウスは言った。「というのも、仮に他の技術の場合のように市民の一部しか政治的な徳に与らぬとすれば、国家は成立しえないだろうから」（『プロタゴラス』三二二D）というのである。こういうわけで、アテナイ人にしても他の民主国家にしても、政治に関する問題とその他の技術に関する問題との間には一線を画しているのだ、というのがプロタゴラスの結論である。人びとは、政治以外の諸技術に関する問題では、専門家の意見しか認めないが、政治に関する問題では、あらゆる人間の発言が有効であると考えている。万人が政治的な徳を所有することがなければ、国家は存続できないであろう（同三二二D—三二三A）。政治的能力が万人に分与されているという主張は、民主体制を特徴づけるものである。注目すべきことに、プラトンはこのことを拒み、まさしくそのことのために政治の技術を他の諸技術と同列に置き、専門家の仕事と見なしたのである。

（1）第八巻五五七Cには、これ以外にも、同じ「色とりどり（poikilon）」に関連する語が、「多彩な色を施された（pepoikilmenon）」（c五）、「多彩にいろどられた（pepoikilmene）」（c六）、「多彩な模様（ta poikila）」（c八）と、数行のうちに三回使用されている。

ところで、各人が政治的な徳を所有しうるとすれば、それはポリスにあって満場一致の、あるいは少なくとも多数派をなす言説が構成されうることを意味し、これがすなわち強弁である。これに対して、孤立した周辺的な言説というのは、弱論を表わすものである。以上のように、強弁という考え方の基礎には政治的な経験があり、その政治的な経験というのはけっして専制政治や独裁政治の経験なのではなく、民主政治のそれなのである。言説に力を与えるのは、その言説が呼び起こす合意なのである。したがって、私的な個人の真理というのは市民であり、そして民主的平等の下においては諸々の意見の評価は、その重みによってではなく数によってなされるのである。こういうわけで、強弁を構成するには、少なくとも最初は、数を集めるのが重要である。各人は自分の内で他人と共通なもの、普遍化可能なものを重視する。したがって、教育とは共学である。政治的な徳が万人の携わるべきものであるのは、政治的な徳が万人に由来するものであるからなのであり、プロタゴラスはソクラテスを説得するために分かりやすい譬《たと》えを用いている。

「世界中の人びとがそれぞれに最善を尽くして徳を教えているので、君には徳を教える者が誰もいないように思えるのだ。それは言ってみれば、仮にわれわれにギリシア語を話すことを教えてくれた教師を君が探してみたとしても、やはり君はそうした教師を見つけることはできまいが、それと同じようなことなのだ」（同三二七Ｅ―三二八Ａ）。

したがって、政治的な徳とは、国家にあって最もうまく分配されているものなのだ。僭主の言説は暴力的言説なのであって、強弁なのではない。それゆえ、奴隷的束縛にあっては、本来の意味で「政治的な」価値は消滅してしまう。

人間が本質的に市民であって、権力に対しては受益者であるという見方をすることで、プロタゴラスは、おそらく一般教養の創始者であると言える。分業の下では強弁は成立しない。なぜなら、分業は意見交換の余地をなくすからである。そこから、プロタゴラスが政治に対立するものと見た諸々の技術（テクネー）になぜ不信の念を抱いたかということも理解できる（『プロタゴラス』三一八E—三一九A）。政治的徳が実現するための条件というのは、市民全員がばらばらに所有しているさまざまな知識が一つにまとめられることで、市民全員が再び共通の土台の上に立つこと、あるいはむしろ、万人に分配された言説という要塞に立てこもることであろう。また、プロタゴラスが全生涯を市民の教育に捧げたこと、そして、プロタゴラスから見れば教育はすべて政治教育であるということも、当然のことであろう。つまり、パイデイア〔教育・教養〕の効果というのは、個人的な偏向を除いて、首尾一貫した文化的模範に置き換えることなのであり、この文化的模範というのは、地理的にあらゆる空間にわたる諸個人を含むばかりでなく、歴史的にもあらゆる時間にわたる諸個人を含んでいるのである。文化とは強弁である。というのも、歴史が、過去の幾世代もの間の完全な満場一致により、文化を補強するからである。こうした角度から見ると、プロタゴラスが、アリストテレスによれば、文法におおいに注意を払ったのは当然である（断片A二七—二九＝『弁論術』一四〇七b六—八、『詭弁論論駁』一七三b—七一二二、『詩学』一四五六b十五—十八）。実際、文法が言語（langue）を支配するのは、そのことによって万人の言語活動（langage）を遂行するためである。文法規則により、記号の使用は普遍的なものとなる。したがって、文法とは発話（parole）が力を得るための手段であり、これに対して、単なる叫びは、徹底的に個人的なものであるがゆえに弱弁でしかない。

ただし、強弁が多数の賛成投票を集めることによりその力を得るからといって、プロタゴラスが、あらゆる意見が同等であるとか、どの個人に宿る知恵も同じであるとか言ったというわけではない[1]。実際、すぐれた人間というのは、他の人びとに対してその同意を取りつけることのできる言説を提案することができる。その場合、ただ一人のものであった言説が強弁となるのは、当の言説自体に備わる普遍化の能力によるのである。知恵とは、説得と論証によって、局所的ゆえ首尾一貫しない言説を、大局的ゆえにもっと充実した言説に置き換える能力である。したがって、すぐれた精神は、効果の少ない貧弱な現われを、豊かな現われ、つまり多くの同意を集め多くの精神からなる共和国を構成する力をもつ現われに置き換えることができる。それゆえ、プロタゴラスにあっても、教育は可能かつ正当なものとなるのであり、それには、その教育に当たるのが上述のようにすぐれた精神、つまり諸意見の価値の有無を見分けることができ、価値ある意見を人びとに共有させて価値なき意見を捨てることができる精神であればよい。それはちょうど、医者がさまざまな治療法によって病気の症状を健康の徴候に置き換えるようなものである（『テアイテトス』一六七A）。同様に、政治の領域でも、知恵のある統治者もいれば知恵のない統治者もいる。最も知恵のある統治者とは、言説を用いることで、共同体にとって最も有益な政策を同胞市民に採用させる、つまりは普遍化させる統治者である。政治的リーダーは自分の名前のほうへ多数の投票を偏向させることで国家の強弁を創り出し、そうすることで国家に真理と正義を授与するのである（同一六七C）。なぜなら、こうした言説は、人びとが自由に共有することで、共通の言説となるからである。もっとも、この種の言説は、無言であるがゆえにいっそう雄弁である場合もあり、意味深い態度だけからなる言説というものもある。つまり、人びとの模範として強い影響力をもつような振舞いである。たとえば、プルタルコスの伝える断片などその一例を示すものと思われ、そこでプロタゴラスは、ペリクレスが八日間のうちにパラロスとクサンティッポスの二人の息子を相次いで戦闘で喪《うしな》った際、人びとに自分の苦悩を悟られないような態度を取ったという話に言及している。

「実際、ペリクレスが毅然として個人的な喪の悲しみに耐えているのを見る者はみな、ペリクレスは高潔で勇気があり、自分よりも強い人間だと判断したのである。それというのも、そうした試練に遭った際の自分の取り乱しようを身にしみて承知していたからである」（断片B九）。

（1） この点を正しく指摘したものとして、A・バョナ前掲論文「プロタゴラスにおける政治術」四九頁がある）。

このように、たとえ強弁を量《はか》るに際し諸意見はそれ自身の重みが量られるというよりは、〔それを信じる人の〕数が勘定されるのだとしても、やはり諸意見の間には重要性の違いがあるのであり、その違いとは、みずからの周りに他の諸意見を集められるかどうか、すなわち結局のところ、みずからの主張や決定が普遍化できるかどうかという点にある。したがって、プロタゴラスの強弁の理論にはある直観的な政治観が表われていて、この直観的な政治観とはマキャヴェリズムではなく、ペリクレスを擁するアテナイ黄金時代の民主政であった。

V　真理の本性

さてここで、プロタゴラス哲学全体の意義を取り出すために、プロタゴラスからやや距離をとることとしたい。すでに見たとおり、プロタゴラスの真理観は、正しく理解されるかぎり、いかなる種類の懐疑論に陥ることもない。では、プロタゴラスの真理観はどのように特徴づけられるのであろうか？

1　ヘーゲルの解釈

事物の真理は事物それ自体のうちにではなく人間のうちに見出されるという主張こそは、主観性の力の発見を特徴づける、というのがヘーゲルの見解である。それゆえ、プロタゴラスには顕著な近代的性格が見られる。というのも、プロタゴラスは人間尺度命題により「注目すべき転換」を成し遂げているからである。その転換とはすなわち、「すべての内容、すべての客観的な要素は、意識と相対的にしか存在せず、それゆえ、思惟がここであらゆる真理の本質的契機であると主張される、そこからして、絶対者は思惟する主観性という形態を取ることになる」というものである[1]。しがたって、プロタゴラス哲学の根本原理とは、対象の存在は現象性であるという主張であり、あらゆる現象はそれを知覚し思惟する意識によって規定されるという主張である。したがって、存在者は即自的に存在するのではなく、思惟に把握されることによってのみ存在するのであり、この把握によってのみ何らかの事物が現われ、また、然々《しかじか》のものとして現われるのである。思惟する存在である人間が事物にその尺度を与える、ということの理由は、事物の存在は現われにあり、人間という主体がこの現われの源であるからである。以上の理由から、プロタゴラスが魂を定義する際に用いる語は、ソクラテス以前の思想史にあっては人間への現われを起こす力一般を意味する語、すなわち「感覚」、あるいはむしろ「知覚」である。「魂とは、諸々の知覚にほかならない[2]」とプロタゴラスは言っていたのである。この思潮は真理を主観性や意識の側に置くものであり、その特色をヘーゲルは観念論、あるいはむしろ但し書きをつけて「近代の悪しき観念論[3]」と見る。こうして、プロタゴラスはその悪しき観念論の先駆者にされるわけである。それゆえ、ヘーゲルの解釈に従うなら、プラトンおよびアリストテレスによるプロタゴラス批判の趣旨は、主観的観念論の拒絶ということになろう。ただし、その拒絶の度合いは、プラトンとアリストテレスでは違っていて、プラトンが主観的原理を拒絶するにとどまったのに対して、アリストテレスは観念論そのものを拒絶したということになる。

(1)『哲学史講義』前掲箇所、また「プロタゴラスはあらゆる存在者の相対性もしくは非自体的な存在を主張するかぎり、あらゆる存在者は相対的に、しかも意識と相対的にしか存在しないことになる」という記述も参照。
(2) 断片A一第五一節——これがおそらく、プロタゴラスが魂の座を胸とした理由でもある——断片A一八・ウンターシュタイナー『証言と断片』第一巻四八頁、および一七頁注参照。
(3)『哲学史講義』前掲箇所、また「かくして主観的反省の時代、絶対者の主観としての措定が始まる。近代の原理はこの時期に始まる」という記述も参照。

しかしながら、プロタゴラス思想について、ヘーゲル解釈が考慮していないテーマがある。それは、現われにもその有用性に応じて価値の多寡があるという点である。ところで、『テアイテトス』によれば、このテーマはプロタゴラスにとって本質的重要性を有するものである。医者が自分の治療法によって病気の症状を健康の徴候に置き換えるのと同様に、また、農夫が施肥によって、ひょろひょろした植物を花咲くものとするのと同様に（一六七A―B）、知者は言説（ロゴイ）を用いることで、価値も有用性もない現われを、より善い（beltion）現われに、つまり人の役に立ち、人が利用することのできる（chrestos）現われに置き換える能力を有するのである。[1] したがって、有用性の多寡により、現われの真理にも、程度の高い低いが決まってくるのである。

（1）一六七C。この chrēstos という語は同箇所で三回繰り返されている。

2　ニーチェの解釈

ニーチェの言う生の実用主義は、その起源をプロタゴラス思想に有するように思われる。すぐれた人間の成し遂げるものは、ニーチェが「価値」と呼ぶものの創出に関わる。というのも、この価値は自然に与えられて存在しているものではないからである。ところで、人間はさまざまな価値から成る世界に生きているのであるから、すぐれた人間が創出するのは、人間が世界を然々のものとして生きる場合の、その然々の世界なのである。したがって、ニーチェが「超人は万物の尺度である」と書いても、プロタゴラス思想から逸脱せずに済んだはずである。なぜなら、プロタゴラスの場合でも、最高の知者こそ、他の人びとが共有するような強弁を作り上げる能力のある者であるからである。ニーチェの場合においても同様で、超人、つまりニーチェにとっての観想的人間は、さまざまな価値の創出者として、それらの価値から成る世界を人類に分かち与えるのである。

「われわれは思考しかつ感覚する者であるが、以前には存在しなかったものを作り、しかも現実に絶えず作り続けているのは、このわれわれなのだ。以前には存在しなかったものとは、さまざまな評価、色、重さ、遠近法、等級、肯定および否定によって永遠に生長してゆくこの世界である。（……）現在の世界のなかでわずかでも価値を持つものは何であれ、その価値を自己自身で、自己の自然により所有するのではない――自然にはけっして価値はない。この価値はそのものに与えられたのであり、それは授かりものであり、そのものに対してなされた贈与であり、そしてこうした贈与をなしたのはわれわれである。人間に関わりを持つ世界を創出したのはわれわれなのである」（『悦ばしき知識』三〇一節「観想的人間の幻想」）。

ところで、真理というのは、超人が自分以外の人類のために創出する価値のひとつである。ただし、これは創出といっても、思惟的なものなのではない。そこで「真理」とされるのは、人間の利益と要求に奉仕するもの、人間の生の必要に応じたものである。それゆえ、われわれは、ジャン・グラニエの言う有用な真理(1)に直面しているのであり、そしてこれは生の表現にほかならない。ところが、この有用性というテーマは、プロタゴラス思想の中心であるのを、すでにわれわれは見ている。有用性こそは、さまざまな現われの間に階層を設け、望ましい現われとそうでないものとを区別する際の基準である。以上のようにニーチェとプロタゴラスとを結びつけるのは、けっして恣意的なやり方ではない。というのも、この結びつきをニーチェ自身が示唆していると思われるからである。実際、ニーチェは思考を価値の着眼と規定し、そして価値を有用性の表現と規定するのであるが、それと同時に、人間をすぐれて測定を行なう存在であると特徴づけているからである。「周知のとおり、『人間（der Mensch）』という語は、測定する者（der Messende）を意味する。人間はみずからの最も偉大な発見に因んで名付けられることを欲したのである！」[2]〔『人間的なあまりに人間的な』所収「漂泊者とその影」二二節〕。

（1）ジャン・グラニエ『ニーチェの哲学における心理の問題』（スイユ社、一九六六）四八七頁、またさらに四七〇頁にある『力への意志』の説得力ある引用、「カテゴリーが〈真理〉だというのは、ただただカテゴリーがわれわれにとって生の必要用件であるという意味においてのみである」（G・コルリ、M・モンティナリ編『ニーチェ全集学生版』前掲第十三巻、三三四頁、一八八八年春14〔一五二〕〔白水社版『ニーチェ全集』第二期・一一巻一六四頁＝『力への意志』五一五節〕）をも参照。

（2）これは、グラニエ前掲書四〇八頁にも引かれている。

もっとも、ニーチェとプロタゴラスとの間にはやはり重大な相違があるのも事実である。実際、ニーチェはこの有用性としての真理を、有用性としての虚偽と解釈し、これに対して真の真理を対立させる。他方、プロタゴラスの名づける真理というのは、有用か否かの人間による評価であると思われる。真理と有用性という二つのテーマは、真理は必ず「絶対的」真理でなければならない、と考えさえしなければ、両立せぬものではない。プロタゴラスの考える真理とは、絶対的ではない真理であり、言い換えれば、この真理にとって絶対的真理というのは到達不可能な水平線のようなものなのである。実際、強弁の理論は、普遍的なものは最初から与えられているのではなく、普遍的なものは作られねばならぬ、しかも人間によって作られねばならぬ、ということをわれわれに思い起させる。仮に、人が絶対的真理に達することがあるとすれば、それは人間の普遍的言説が現実に打ち立てられたとき以外にはないであろう。その場合でもなお、その普遍的言説が時間のなかで維持される必要があろうが、これは、有用性のテーマをカイロス〔好機〕のテーマと結びつけて考えてみると、実現困難と思われる。プロタゴラスの言う、絶対的ならざる真理は、「批判的」真理と呼ぶことができよう。すでに見てきたように、プロタゴラスは真理を価値であると解釈する。ところで、すぐれて批判的な問いとは、価値に関する問いである。実際、価値が措定されるときには必ず、ただちにその価値措定の根拠が問いに付され、次のように問われるものである。この価値の価値はいかなるものか、と。価値とは、その価値が措定されるという事実によって正当化されるものではない。逆に、その価値が措定されるという事実自体によってその価値は問に付され、そしてただちに、その価値の通用する領域の正当性が問われるのである。

第二章　ゴルギアス

Ⅰ　生涯と著作

ゴルギアスは、シケリア島〔イタリア半島先端に接する島〕のレオンティノイに、紀元前四八五年から四八〇年の間に生まれた。兄弟のヘロディコスは医者で、ゴルギアスは、やはり医者であるアクラガス〔同じくシケリア島の都市〕のエンペドクレス(1)の弟子となった（断片A二、A三）。紀元前四二七年、ゴルギアスは祖国の命を受けて、アテナイに援軍を要請するための使節団を率いてアテナイへ赴いた。レオンティノイがシュラクサイ〔シケリア島の中心都市〕の脅威に曝《さら》されていたからである。ゴルギアスは、祖国のためにアテナイの民会で弁じたて、その雄弁により多大な成功を祖国のためにかちえた。ゴルギアスの言い回しは独特のものであったから、ギリシア人は、「ゴルギアス流に話す」という意味で「ゴルギアスする（gorgiazein）」という新造語を作り出し、ゴルギアス流に話すのは一種の流行になった。ゴルギアスは教え子として、クリティアス、アルキビアデス、トゥキュディデスなど、アテナイの上流階級に属する人びとを得た（断片A一）。それから、ゴルギアスは一箇所にとどまることなく、ギリシア中を踏破した。ゴルギアスはテッサリアで教授活動をしたが、そこでの弟子にはメノンやアリスティッポス（断片A一九）、とりわけ、後にアテナイでプラトンのアカデメイアに対抗する学校を創設したイソクラテスがいる（断片A三二）。次いで、ゴルギアスはボイオティアで教授活動を行ない、そこでの弟子にはプロクセノスがいる（断片A五）。その演説の才能ゆえ、ゴルギアスは、デルポイに集ったギリシア人たちにより選ばれて顕彰演説（『ピュティア弁論』）を行なった。オリュンピアでは、彼はギリシア人たちに対して、互いの不和を解消して、一致団結して夷狄《いてき》に当たるよう説いた（断片A一）。エレアでは、ゴルギアスは『エレア人称賛』の演説を行ない（断片B一〇）、アテナイでは、戦死した英雄たちのために『葬送演説』を行なった（断片A一）。ゴルギアスは晩年をテッサリアで過ごし、そこで百年以上の生涯を閉じた。クレアルコスによれば、ゴルギアスは、自分の長寿の秘訣を、「快楽を目的として何かをしたことがない」ためと言ったとされるが、しかしながら、ビュザンティオンのデメトリオスによれば、それは「他人を喜ばせることを目的としては何もしたことがない」からだという意味合いでゴルギアスは言ったらしい(2)。ゴルギアスは生涯独身であったように思われる(3)。

（1）土・水・火・空気の四元素が愛と憎しみの原理によって離合集散する多元論的宇宙論を詩の形で表現した学匠詩人。従来別個の作品と考えられてきた『自然について』と『浄め（カタルモイ）』が、実は同一の作品の一部であることが最近裏づけられ、彼における自然哲学と道徳哲学の一体性が改めて問題となっている〔訳注〕。

（2）断片A一一。ここでは写本の読み「他人（heterou）」に従い、またウンターシュタイナー『証言と断片』第二巻一九～二〇頁で採られているC・リッターの解釈に従う。

（3）断片A一八。もっとも、イソクラテスによるこの証言はプルタルコスによる証言断片B八aとは矛盾するが、イソクラテスはゴルギアスの直接の弟子であるから、プルタルコスの証言よりも信頼性は高い。

ゴルギアスの姉妹の子孫に当たるエウモルポスによれば、ゴルギアスはその名声も聴衆の数も途方もないものであったから、オリュンピアでは、ゴルギアスに対して金無垢の像が献納されたほどである(1)。プラトンは、まさしく『ゴルギアス』という対話篇のなかにゴルギアスを登場させている。アテナイオス(2)の証言を信じるなら、ゴルギアスは、プラトンの『ゴルギアス』を読んだが、そこに描かれたゴルギアスを自分の本当の姿だとは承認せず、戯画化された姿だと見なしたとされる。「ゴルギアスは、自分でプラトンの『ゴルギアス』を読んでみて、周囲の者にこう言った。何とプラトンはからかい上手なことか！」と。[3] ゴルギアスとプラトンが相互に論敵であることはヘルミッポスも強調していて、こんな逸話を伝えている。プラトンはゴルギアスが到着したのを見て、ゴルギアスの黄金の像のことを当てこすってやろうと、「ほら、われわれの方へ美しき黄金製のゴルギアスがやって来る！」と叫んだという。他方、ゴルギアスはこう言い返した。「確かに、彼〔プラトン〕は美しい、そしてとても初々しい、アテナイ人がもたらしたこのアルキロコスの如き人は！」と。ところが、「アテナイ人が我慢している！」という言葉には、翻訳不可能な洒落が利用されていて、「アテナイ人が生み出した」という意味もあるのである。[4] ゴルギアスの断片がソフィストのそれよりはるかに多量で充実しているのは、おそらく彼の非常な名声の故である。『ヘレネ称賛』や『パラメデス弁明』のような幾つかの著作についてはその全文が残っているが、これはソフィストのうちではまったく唯一の例である。

(1) 断片A七。同じ断片A七の別の証言では、この黄金像があったのはデルポイであったとされている。

(2) エジプト出身で紀元後二〇〇年頃、ローマで活躍した逸話集『食卓の賢人たち』の著者〔訳注〕。

(3) 断片A一五a。アテナイオスが「自分自身で読んでみて」とことさらに言う理由は、ゴルギアスの時代、書物は自分で読むものではなく、召し使いが読むのを聞くのが習慣であったからである。自分で読むというのは注目に値する特例であった。また、プラトンがアリストテレスのことを「読む人」と呼ぶようになるのも、この意味でのことである。

(4) 断片A一五a。つまり、動詞 **pherō** の現在完了形である **enenochasin** は、「もたらした」という意味のほかに、この動詞のもう一つの意味から「我慢している」という意味もあるのである。おそらくこの皮肉は「アテナイ人ならもたらしかねない」とでも訳すことができよう。この断片はディールス＝クランツには不完全な形でしか記載されていない。完全なテクストは、ウンターシュタイナー『証言と断片』第二巻二二に見られる。アルキロコスは、風刺詩人である。

ゴルギアスの著作は三つに類別することができる。第一群の著作はその内容が本質的に哲学であり、第二群の著作はとりわけ雄弁への関心を示し、第三群は弁論述に関する著作を含む。

われわれは次の著作を第一群に入れる。

①『非存在について、あるいは自然について』――この著作に関しては、二つの要約だけが伝わっている。一つはセクストス・エンペイリコスによるもので（断片B三）、もう一つはアリストテレス偽書で、これは三人の哲学者に関する論文として『メリッソス、クセノファネス、ゴルギアスについて』という題が付いている。[1]二つのテクストは時に齟齬を示すこともあるが、相互に補い合う面も持っている。

②『ヘレネ称賛』――ゴルギアスはヘレネによる姦通の逆説的な称賛を制作し、そこでは威厳に満ちた、典型的にゴルギアス風の文体で、トロイアのヘレネの潔白を証明しようとしている。

③『パラメデス弁明』――前書と対をなす著作で、ここでゴルギアスは、祖国に謀反《むほん》を起こした将軍であるパラメデスを有罪とするのは不可能であるとの証明を試みている。ここでは、判断の問題が『ヘレネ称賛』の場合よりももっとはっきりした仕方で論じられている。

（1）『メリッソス、クセノファネス、ゴルギアスについて』のテクストはディールス＝クランツには記載がないが、ウンターシュタイナーは『証言と断片』の五七節～七四節としてこれを加えている。また、『メリッソス、クセノファネス、ゴルギアスについて』の訳・註つきの原典批評版としては、バルバラ・カッサン『もしパルメニデスが』（リール大学出版、一九八〇）も有益である。ゴルギアスに関する部分はその四二九―五六五頁にある。付言すると、『メリッソス、クセノファネス、ゴルギアスについて』は単に三つの別々の研究論文を並べたものではなく、統一性をもった一つの著書であり、作者はメガラ派であろうとウンターシュタイナーは考えている（『集成』第一巻一五九～一六〇頁、一六六～一六七頁の注九五参照）。

われわれは第二群には次の著作を分類する。

①『葬送演説』――これは戦死者の名誉を讃えるためのものであるが、この演説に関しては、これが

この種の演説の見本にすぎないのか、それとも特定の機会に現実に披瀝されたのかということが問われてきた。こんにちでは後者の仮説のほうが支持されていて、その場合、演説の対象としてはペロポネソス戦争の犠牲者やコリントス戦争の犠牲者が考えられる。

②『オリュンピア演説』――ウンターシュタイナーは、この演説がオリュンピアで行なわれたのは紀元前三九二年頃であったと考えている（『集成』第一巻一五七頁）。ゴルギアスはこの演説のなかで、ギリシア人たちに対して汎ギリシア主義を説き、ギリシア人の力を結集して夷狄の民に対抗することを勧めている（断片A一）。この政治路線は、ヒッピアスやアンティフォンの世界市民主義とはずいぶん異なるものであるが、後にイソクラテスにより継承されることになるものである。

③『ピュティア演説』――この演説は失われた。ただ、この演説が実際に行なわれたという事実だけは知られている（断片A一）。

④『エリス人への頌辞』――この演説については、最初の三語しか伝わっていない。その三語とは、アリストテレスが論題を突発的に提示することによる修辞的効果の見本として引用したものである。すなわち、「エリスよ！　幸福な国よ……」（断片B一〇＝『弁論術』一四一六a一）というのがそれである。

⑤『アキレウス称賛』――この演説は、その存在がアリストテレスのある証言に基づいて推測されているのであるが（断片B一七＝『弁論術』一四一八a三二）、しかし、その証言は到底明確なものとはいえず、また、この演説が実在したとしても、われわれにはそのいかなる断片も伝わっていない。

第三群に含まれる著作は以下のとおりである。

①『弁論術』――その内容は、アリストテレスの『弁論術』のような、演説技術についての考察であったかもしれないし、また、模範的演説の集成であったかもしれないし、あるいはその両方ということ

がより真実に近いかもしれない。最後の場合であれば、ゴルギアスは方法論とその事例を提示したのであろう（断片B一二、一三、一四）。

②『語彙集』――この著作は本来の意味における辞書ではなく、語彙集ではあっても、配列は主題あるいは題材によってなされている（ディールス＝クランツの断片集になく、ウンターシュタイナー『証言と断片』第二巻二〇九頁で補足された断片B一四a〔紀元後二世紀のユリウス・ポッルクス『語彙集』の「序文」九〕を参照）。

Ⅱ　存在論の自己破壊

『非存在についての論文』の狙いは、エレア派の存在論を覆すことであり、その攻撃目標はパルメニデスの哲学詩にある次のような基本命題、すなわち、「在るものは在り、在らぬものは在らぬ」と、「思惟することと存在することは同じである」という命題である。ゴルギアスによる批判の独自性は、反駁対象となるパルメニデス説を、その外部から攻撃するのではなく、パルメニデスの存在論の内側で繰り広げる点にあり、それは、パルメニデスの存在論に、当の存在論そのものの原理を適用し、この存在論をいわば字義どおりに理解することで行なわれるのである。偽アリストテレス『メリッソス、クセノファネス、ゴルギアスについて』のバルバラ・カッサンによる注釈付きの原典で、カッサン自身この点を十分明らかにしている。「ゴルギアスは、ただただパルメニデスに忠実であることによってパルメニデスを反駁する。[1]」ゴルギアスの仕事が批判的であることに十分注目するならば、かえって、ゴルギアスの仕事が、しばしば誤解されるような全面的ニヒリズムではないということが理解される。ゴルギアスは、何物も存在しないということを証明しようとしたのではない。彼が示そうとしたのは、パルメニデスの言う存在の空虚さであり、そしてこの事態において破壊されるのは存在論、すなわち、その極端に行き着いたときには自己破壊に至るがゆえに破壊的な存在論なのである。ゴルギアスはただ、パルメニデスの純粋な存在論の二律背反を一覧表にして見せるだけである。自己自身を否定する存在論を否定することで、ゴルギアスは否定の否定を遂行することとなり、したがって肯定を見出すことになるわけである。

（1）B・カッサン前掲書『もしパルメニデスが』五七頁、またさらに四五二—四五四頁をも参照——カッサンの著書の題名はゴルギアスのこの意図に基づいていて、すなわち、もしパルメニデスがあるならゴルギアスがある、という意味である。

『非存在についての論文』は三つの命題から組織されているが、その配列は、バルバラ・カッサンが「後退構造」と呼ぶやり方に従っている（前掲書四六頁）。すなわち、何物も在りはしない。そして、たとえ在るものが在るとしても。在るものは認識不可能である。そして、たとえ在るものが認識可能であるとしても、在るものについてのこの認識は他人に伝達不可能である。

さて、三つの命題の相次ぐ証明を検討することとしよう。

第一命題——もし人が在らぬものに、「在るものは在る」という命題の肯定を命ずる同一律を適用するならば、「在らぬものは在らぬものである」と言わねばならなくなり、そうすると、在らぬものは在るものまったく同様に在ることになり、また逆に、在るものは在らぬものであることにもなる。「したがって、諸事物は在らぬと同様在りもする」[1]。次いでゴルギアスが証明に努めるのは、たとえ在るものが在るとしても、在るものは生み出されることも生み出されないこともありえず（九七九b二〇）、一でも多でもありえず（九七九b三五）、運動していることもありえないということである（九八〇a一）。したがって、パルメニデスの存在論が定義するような在るものに合致するものは、何も在りはしない。

（1）『メリッソス、クセノファネス、およびゴルギアスについて』九七九a二七。底本はB・カッサン校訂の前掲書。

第二命題――しかし、たとえそうした在るものが在るとしても、「事物は認識不可能である、少なくともわれわれにとっては」（九八〇a一八）。実際、われわれが見たり聞いたりする事物というのは、表象される（phroneitai）がゆえに在るのである。ところで、人は在らぬもの、例えば大海の真ん中で戦車による戦闘が行なわれたところを表象することができる。したがって、在るものの表象は在るものをわれわれに届けるわけではなく、在るものの認識は不可能である。

在るものの認識が不可能であるというこの説は、ゴルギアスの知覚理論と関係づけてみれば、余すところなく明瞭となる。どんな事物からも、ゴルギアスがエンペドクレスに従って流出物（aporroas）と呼ぶものが発散している。感覚の各々はそれぞれ一定の大きさの諸小孔からできていて、この小孔が流出物のうちで大きさの合ったものだけを選別するのである（断片B四＝『メノン』七六A以下）。対象である事物が同じ一つのものでも、さまざまな感覚ごとに別々の感覚的メッセージが生み出されるのは、こういった仕組みのおかげなのである。したがって、魂が知覚に際して直接捕えるのは、事物から発する流出物であって事物そのものではなく、また流出物といってもその事物から発する流出物の一部分でしかなく、したがって、魂が事物そのものを十全な仕方で認識することはできないことになる。知覚は幻覚的であり、ゴルギアスの主観主義は、その点、知覚の独自な解釈に支えられていると言える。アリストテレスの主張は、認識にあっては、「魂はある意味で在るものそれ自体である」というものであった[(1)]

（1）『魂論』四三一b二一。そして、アリストテレスは『自然学小論集』所収の論文「記憶と想起について」四五〇b二一以下で、表象像の分析を通してゴルギアスの提起した難問を解決したと考えられる。

第三命題――たとえ在るものが認識可能であるとしても、在るものは他人に伝達不可能であろう。実際、人が在るものについての認識を得るのは知覚によるのであるが、人がそれを伝達するのは言語によってである。ところで、知覚と言語は互いに異質なものである。すなわち、現われというものが十全に文節されることはありえず、現象から文章への移行は本当はありえないはずである。話す、ということは見るということではない。「誰にせよ、自分が見たものをどうやって言語によって表現できるというのだろうか？」（前掲書九八〇ａ二〇）。言語の届く先は聴覚であり、聴覚は色の知覚には不適当である。というのも、色は視覚の専有物だからである。同様に、事物を構成しているものは、音声を除いてどれも聴覚によっては把握できず、したがって言語によって表現することはできない。「語っている人は語るのではあるが、しかし色や事物を（引き渡すの）ではない」（九八〇ｂ三）。というのも、「その者は色を語っているのではなく、言葉を語っている」（九八〇ｂ七）からである。盲人に向かって色のことを話してみても、盲人には何も伝わらない。したがって、経験こそ実在を引き渡してくれるものであるにもかかわらず、言語はこの経験を伝えることができないのである。それゆえ、厳密に言うなら、実在は伝達不可能である。「なぜなら、事物は言葉ではないからである」（九八〇ｂ一八）。これに対しては、次のような反論があるかもしれない。すなわち、言語というものの使命は、その言語のさまざまな使用者に対して同一の諸経験を喚起し、そうすることで実のある伝達を保証することにある、と。この反論に対するゴルギアスの答は、以下のとおりである。相互に完全に同一な二つの経験というものは、まさしくここには相異なる二つの経験主体が存するという理由によって、ありえない。仮に相互に完全に同一な二つの経験があるとすれば、そこには一つの経験主体しか存在しないことであろう。『パラメデス弁明』は、訴訟事件を正しく裁く際の難問すべてを解明するにあたり、『非存在についての論文』へと暗黙のうちに依拠することになる。「それゆえ、言語という手段によって、事件の事実に関する真理を聴衆に対して純正かつ明白なものにすることができるとすれば、判決には何の困難もないであろう[1]（……）」。

（1）B一一a、第三五節。ゴルギアスの反実在主義のすぐれた分析としては、デュプレール前掲書七二—七三頁を参照。

Ⅲ　幻惑（アパテー）についての詩

以上に述べたパルメニデスの存在論の破綻からゴルギアスが引き出すのは、ニヒリズムでも懐疑主義でもなく、非存在論的ないしは反形而上学的思想であって、これは幾つかの点でニーチェを先取りしているに違いない。

パルメニデス批判からの第一の帰結は、現われの復権であり、実在と発現が同一であるという主張である。「存在に現われが備わらなければ、存在は姿を消すことになり、現われに存在が備わらなければ現われは衰退することになる」（プロクロス『ヘシオドス「仕事と日々」注解』における証言）という断片二六の一撃のうちに、すでにプラトン的な背後世界への非難の音が鳴り響いている。もしも現われが変化するものであれば、存在も変化するものであろう。これは、別段、忌むべきことではない。なぜなら、実在性とは矛盾したものであるからであり、それというのも、同一律が生み出す存在論は直ちに自己矛盾に陥るものでしかないからである。実在を構成する対立は、乗り越え不可能である。そこでの相対立する二者は、けっして弁証法的総合のなかで調和にいたることなく、調停不可能な闘いのなかでぶつかり合っているのである。したがって、実在性を、ゴルギアスは論理的ではなく悲劇的なものと考えており、ゴルギアスのこの考え方は、そのままで依然として哲学的に正当である。実際、シェリングは『世界年代（Weltalter）』において、「哲学者に向かって、お前は学を矛盾から始めたと言って非難するのは、あたかも悲劇作品の序を聞き終えたところで作者の詩人に向かって、こうした始まり方では結末は怖ろしいものにならざるをえないと言うようなものである（……）」と述べている。こうした矛盾が鎮まることはけっしてなく、その中和は不可能である。したがって、人は二つの選択肢のうちの一つを選び取ると同時に、人間というものに対して、穏やかに言語で説得して、その選択肢に同意させるほかはない。以上からして、ゴルギアスが、何よりもまず、確実な知に対して躊躇しがちな臆見を対抗させるのも当然であろう（『パラメニデス弁明』第二二節、『ヘレネ称賛』第一一節）。すなわち、ドクサ〔臆見〕とは、相対立する二者によって引き裂かれた精神の状態である。これに対して、知とは、実在のうち、言説が正当であると承認した側面に引き留められた精神の状態である。実際、言説は現われの主人であり、そして、言説こそは、実在の表面化すべき面を選びだすことで、人間にとっての実在性をなす現われを創造するのである。言葉のこの創造力を語る際のゴルギアスの口調は、この上なく称賛に満ちている。「言語は偉大な専制君主であり、目に見えぬほど微小な物体により、この上なく神的な仕事を成し遂げる。というのも、言語は恐怖を鎮め、悲しみを取り除く力を持ち、喜びを生み、哀れみを増す力を持っているからである」（『ヘレネ称賛』第八節）。[1] ゴルギアスは、言語が呼び起こすのは現われでしかないが、しかしながら、この現われは正当なものであるということを痛切に感じていた。『ヘレネ称賛』を例にとってみよう。ヘレネは有罪であろうか、それとも無罪であろうか？　少なくとも、ヘレネの姦通事件は両義的である、ということだけは言うことができ、彼女の名前自体、彼女の姦通事件を象徴している。[2] しかし、ゴルギアスの選択は、一刀両断に、両義性を取り除いてしまう。ヘレネは雪のように白い、ということを示すのは言語である。それゆえ、言語とは引き裂かれた魂を癒す医師である。生とは、アイスキュロスの悲劇が示すようなものであって、生は「アレスに満ち満ちている」（断片B二四）のである。この、生という病を病んだ魂たちに対して、弁論術を身につけた人間がもたらす治療薬は、鎮静効果を持つ言説であり、この言説の強力な論理構成にかかれば、ものごとの良い面だけが残り、悪い面は撃退されることになるのである。「言語が魂の情態に対して有する関係は、処方箋が身体の本性に対して有する関係と同じである」(『ヘレネ称賛』第一四節)。したがって、言語という医者は、癒し手でもあり、救い主でもあるのだ。この言語という医者は、矛盾を消去するのではない。なぜなら、矛盾は実在を成すものである以上、その克服は不可能であるからである。言語という医者が成すのは、その本来の持ち分である言語的次元において矛盾を平定するということであって、それは矛盾する二者のうち一方を排除して、これを外部に押しとどめておくことで実現される。実在は矛盾によって引き裂かれているのに対して、人間世界では一方の立場を取ることが要求されるのであり、そして人間世界というのは制作されるべきものであり、ゴルギアスがこの制作ということで念頭に置いているのは、その語源が制作を意味する詩である。矛盾する二者のうち一方の立場を良しとして決めるのは、暴力的手段ではなく、広義における詩、こんにちであれば芸術と呼ばれるであろう詩による平定である。実際、ゴルギアスは、相反するものの対立を、その多数性を次第に減少させることによって和らげることができる画家の例を挙げている。「画家が視覚を満足させるのは、さまざまな色と物から一つの物と形を完全に仕上げるときである」(『ヘレネ称賛』第一八節)。

(1) ここでゴルギアスが用いている「悲しみ」の語は lupe である。この語は後にアンティフォンによっても「悲しみを取り除く技術 (techne alupias)」として用いられており、この技術もやはり言語を手段として行なわれるものである。したがって、この点でアンティフォンは、もともとはゴルギアスのものである主題と対処法を継承しているわけである。
(2) 「ヘレネ (Helene)」は、動詞 haireo (取る、奪う) のアオリスト時制 heilon から派生した可能性があり、そうだとすると、語源的には「拐かす女」と「拐かされた女」という二つの意味を同時に示していることになる。
(3) この解釈に対する反証として、『ヘレネ称賛』第六節が挙げられるかもしれない。そこではゴルギアスが、神の人間に対する力に言及しているのである。しかしながら、同節の議論の射程は本質的にはウンターシュタイナーが言うように宗教的なものである。「それゆえ、この箇所にあっては、厳密に政治的な意味で理解された、強者による弱者の支配という法則を主題として読み込むべきではない」（『集成』第一巻一七六、および『証言と断片』第二巻九六をも参照）」。

したがって、芸術がわれわれにもたらす喜びというのは、調和に近づくことによる喜びであり、この調和こそが、人間にとって住むことのできる世界を創り出すのである。この意味において、論理的推論というものは——ゴルギアスはその扱いにかけては大家であったが（とりわけ『パラメデス弁明』において、このことはいえる）——実在性を表現するもの、存在論に関わるものなのではなく、詩および芸術の一部をなすものなのである。すなわち、論理的推論は一面的な見方を固定化し、この一面的な見方においてこそ精神は休息を見出すのである。詩の仕事というのは、したがって、幻惑（apatē）を創造するということである。ここで幻惑と言うのは、詩の仕事は実在に合致したものではないからである。ただし、詩が創造するのが幻惑であるとはいっても、それは望ましく、かつ善き幻惑である。その理由は、詩は精神における首尾一貫を創造するからであり、この一貫性を、ゴルギアスは正義および知恵と名づけている。アイスキュロスの悲劇は芸術作品であり、その意味でそれは幻惑と言うことができるが、しかし、われわれが生きられた悲劇に耐えること、すなわち、この悲劇を正当化し、かつ理解することがわれわれにできるのは、この幻惑もしくは詩化としての悲劇のおかげなのである。実際、悲劇が創造する「幻惑」とは次のようなものである。

「一方で、幻惑を生み出す者は幻惑を生み出さぬ者よりも正しく、他方で、幻惑に魅せられる者のほうが幻惑に欺かれぬ者よりも知恵があるのである。というのも、幻惑を生み出す者は約束したことを果たしたから正しいのであり、幻惑の魅力に屈する者のほうが知恵があるのは、言葉の快さに捕らえられるのは、感覚を欠いていない者だからである」(1)〔最後の文は、「幻惑の魅力に屈する者のほうが知恵があるのは、感覚では捉えられないものを、言葉の快さの助けで捉えるからである」という別の解釈がある〕。

（1）断片B二三。同様の考えは、ディールス＝クランツにはなくウンターシュタイナー『証言と断片』第二巻一四二に補足された断片B二三aにも見られる。

したがって、ゴルギアスにとってのソフィストの技術、すなわち知恵ある人間の技術とは、アイスキュロスにとっての悲劇と同じであり、それは「真っ当な幻惑（apatē dikaia）」（ウンターシュタイナー『集成』第一巻一八三頁に引かれているアイスキュロスの断片〔ナウク版断片三〇一＝メッテ版断片六〇二〕）ということに尽きる。ソフィストの言説は、なるほど散文の形で表現されてはいるが、それにもかかわらず詩の一部門をなすものである。なぜなら、ゴルギアスによれば、「詩について総体的に言うと、私はリズムの宿る言葉を詩であると判定し、かつ詩と名づける」（『ヘレネ称賛』第九節）からである。正しい幻惑とは、こうした言説の詩によって創造されるものであるが、この幻惑は、これを共有する聴衆が多ければ多いほどますます正当化されるということになる。こうした幻惑は、最終的には人間の文化世界を形づくるのにいたるのである。しかしながら、ゴルギアスは何かが認識可能であるとしても、それは伝達不可能であるということを証明したはずではないか、と言われるかもしれない。この指摘は確かに当たっている。けれども、この伝達不可能ということが意味を持つのは、言語が事物を、そっくりそのまま、語に置き換えることができると思いあがるときに限るのである。ところがまさしく、詩は幻惑を創造するがゆえに、詩が伝達するのは事物ではなく情動なのであり、これは事物が生み出すもの、あるいはソフィストが生み出すことを欲するものである。

「それ〔＝詩〕を聞く者は、恐怖からの身震いや、涙を誘う憐れみや、ぞっとするような悔恨を自らのうちに受け取る。自分とは無縁の出来事や人物の運・不運を前にして、魂はその情念をまったく自分のこととして感じとるのであるが、これは言葉のおかげなのである」（『ヘレネ称賛』第九節）。

したがって、ゴルギアスにとっては、間主観性はまったく可能な事態である。言語は確かに事物の十全な認識を伝達することはできないが、他方で、言語は情動を充分に伝えることができる。そして、人間同士のコミュニケーションを可能にするものは、言語を媒介として共有される情動なのであり、この意味でゴルギアスの情動的な文体はセリーヌ[1]のそれに比較することができよう。言語は実在の前でおのれを空しくして実在を示す必要はないが、魂に触れる必要はある。ゴルギアスが好んでコンドルを「生ける墓」(断片B5a)と呼ぶのは、そういうわけである。こうして、人が関わりを持つものは言葉をおいてほかにはない以上、沈黙を続けるのは不可能であり、「言説はけっして自分を裏切ったことがない」とソフィスト・ゴルギアスは豪語したわけである(断片B一七=『弁論術』一四一八a三五―三六)。

(1) ルイ＝フェルディナン・セリーヌ、現代社会への憎悪を露わにした『夜の果ての旅』の作者。

それゆえ、正当化された幻惑とは、本質的に言って、詩的言語がもたらすものなのであり、これは聞き手に暗示の効果を及ぼすのである。したがって、言語の持つ力についての中心問題を考えはじめると、魂の側の受容性の吟味、人間が言葉の発する微小な音楽に捕らえられる際の心理学へと至らざるをえない。こうした研究を、古代ギリシア人は「魂の導きの術(psychagōgia)」、すなわち魂を説得によって人が欲するところへ導くための技術、と名づけたものである。

Ⅳ　魂の誘導

まず第一に強調しておかねばならないことは、ゴルギアスの魂論・心理学にあっては、魂は本質的に受動的であり、魂は完全に外部から受け入れるもののなすがままになっているということである。この受動性の第一の形態は感覚的知覚であり、これに関するゴルギアスの解釈は、すでにわれわれが見たとおりである。すなわち、感覚的知覚は、魂に影響を与えた諸事物の刻印、もしくは心像が、魂へ伝わったものである。「実際、われわれが見る事物に備わる性質というには、われわれが欲するとおりのものなのではなく、その事物にたまたま生じた個別的性質なのである。したがって、魂も視覚を通して諸事物の性状の刻印を受け取っている」(『ヘレネ称賛』第一五節)。このように魂のうちに心像が存在することの帰結として、知覚は幻想となることがありうるし、また、知覚者に激しい反作用を引き起こすこともありうることになる。実際、通常は、あまりにしばしば能動は受動に対立させられている。しかし、受動性に本当に対立するのは、能動性ではなく無感動なのであり、また、能動性に本当に対立するのは受動性ではなく休止なのである。魂が蒙《こうむ》る受動は、魂を動かし、感動させる。そして、ゴルギアスは「視覚に由来する恐怖」(同第一六節)を例に取って語る。仮に目の前に戦争用の武器を見せられるならば、視覚は「動転し、また魂を動転させる」(同)。たとえ、見る者に現実にはいかなる危機も迫ってはいないにせよ、この戦争用の道具を見る者の多くはパニックに襲われるのであり、「それほどまでに視覚は、見る者たちの精神中に、彼らが知覚した事物の心像(eikonas)を描くのである」(同第一七節)。

魂の受動性の第二の形態は、魂が言語に通じているという点である。しかし、言語による受動性は、感覚的な受動性よりは弱いように思われ、言語による受動性を働かせるためには、あらかじめ魂を受容的な状態においておくこと、すなわち、魅惑しておくことが必要であるように思われる。言葉を手段とするこの魅惑に充てられた名前は、ゴルギアス思想およびソフィストの術の主要概念の一つ、すなわちペイトー(peithō)、つまり説得である。

言説は、説得によって補強してもらわなければ、単独では何もできない。説得は感覚に働きかけることもあり、ホメロスの「黒い夜の呼び掛けに従おう」(『イーリアス』第八巻第五〇二行)という言葉は、その例である。しかし、それだけではない。説得は、魂にも働きかけるのであり、ゴルギアスの関心は、むしろこちらに向けられている。「説得が言説と結合されるときには、説得は魂さえも自分の思うように形づくるものである」(『ヘレネ称賛』第一三節)。説得とは、相手から同意を引き出すのに都合のよい、一種の感情的雰囲気を創り出すということである。こうした感情的雰囲気こそが、聞き手の魂を受容的な状態にすることで、議論に重みを与えるのである。「ゴルギアスは、対立する相手の重々しさは皮肉によって破壊し、相手の皮肉は重々しさによって破壊せねばならない、と言っていた」(断片B一二＝『弁論術』一四一九b四—五)。ヒュームの言うように、推論は、いかなる反駁を受けることもなければ、いかなる確信をもたらすこともない、という事態がありうる。説得は、聞き手が推論に対して感じる拘束感を取り除くことによって、推論の必然性を承認させるのである。

言説に断定する力を与えるのは説得のみであるが、この説得の本質とは何であろうか？ リズムのある言葉は詩的である、とゴルギアスは言う。それゆえ、この種の言葉は音楽と関係あると考えられた。ゴルギアスが発明した修辞法を見れば(断片A一、A二およびA四)、ゴルギアスが表現の脚や音節の区分に関することすべてに注意を払っているのがわかる。そして、古代では詩が歌われるものであったことを想起するべきである。より正確に言うと、イタリア半島のギリシア植民地出身のゴルギアスは、ピュタゴラス派の影響を受けていて、ピュタゴラス派が音楽の効果を研究していたのは周知の事実である。それによると、音楽上の旋法の各々は魂に対して独自の効果を及ぼすのであり、それゆえ、各々の旋法には一定の倫理的意味合いが備わっているのである。しかし、ゴルギアスが説得的な言葉の効果を語るために使用した語彙自体は、音楽を飛び越えて、魔術を示している。この魔術とは、すでにゴルギアスの師であるエムペドクレスが行なっていたものである(断片A三)。ジャクリーヌ・ド・ロミリー[1]が、ゴルギアスにとって詩の力を構成するものに魔術的な側面があったことを強調しているのは正しい。言説の説得力は、まじないにより生じる。説得はその語り口からして、魔術的儀式や降霊術における呪文に似ている。ソフィストは魔術師であって、ソフィストの所有する語とは、かつては石を動かすに狂いのない語であったのが、いまや心を開き、心を魅惑し、心を癒すに狂いのない語となっているのである。したがって、ゴルギアスの言説の効果は、やはり言語を用いる魔術のそれに似ている。「実際、神聖な呪文は言葉を利用して喜びを引き寄せ、悲しみを取り除く。というのも、呪文の力は、魂の有する臆見に混ざることで、魔術により、魂を魅惑し、説得し、変容させるからである」(『ヘレネ称賛』第一〇節)。ゴルギアスの時代にあっては、医術は魔術に近いものであった。それゆえに、ゴルギアスにとって、こうした言葉の魔術も邪悪なものではありえなかった。医者にとっての薬が、説得にとっての言説であると言える。ソフィストは、説得の技術により、魂の医師になったわけである。

(1) ジャクリーヌ・ド・ロミーイ「ゴルギアスと詩の威力」『ギリシア研究誌』第九三巻(一九七三)一五五―一六二頁。

しかしながら、こうした慰めのある見方に満足していてよいのだろうか? そうは思われない。実際、ペイトー〔説得〕によって共有される真っ当な幻惑が臆見から知への移行に貢献するのは、もともと常に二重である実在の相反する二つの側面の一方を排除することによってであったことを想起すべきである。ところで、ゴルギアスによれば、それは、ペイトーの真っ只中に再び現われるのであり、薬がときによって人を癒しもすれば殺しもし、医薬が毒薬であることを露わにしてしまうことがあるのとまったく同様である。

「実際、ある医薬は身体からある体液を、別の体液は別の体液を排出するし、また、ある医薬は病気を、別の医薬は生命を止めてしまうのであるが、言説についても事情はこれと同様である。すなわち、ある言説は聴衆に悲しみを与え、別の言説は喜びを与えるし、また、恐怖を与える言説もあれば自身を与える言説もあり、さらには、悪しき説得によって(peithoi tini kakei)魂に毒を盛り、魂を魔法にかける言説まである」(同第一四節)。

説得それ自体が悪いものでないことは明らかである。説得は、その使用次第で善くも悪くもなるのである。それは、水薬が服用量次第で害にも益にもなるのと同様である。ここでゴルギアスは、プラトンの『パイドロス』に先んじて、薬と毒という二つの意味がある「ファルマコン（pharmakon）」という語で、言葉遊びをしているわけである。ペイトーのなかにも、ファルマコンの恐るべき両義性が見出されるのである。そうすると、ペイトー〔説得〕は、元来、実在を成す矛盾からわれわれを救い出してくれるはずであったのに、再びわれわれをその矛盾のなかに沈めてしまうのではないか？　実在性に備わる両面性はロゴス〔言葉〕のうちに反映しているのである。ゴルギアスの言説のうちでもまさしくこの箇所に対して、プラトンは待ち伏せを仕掛けて、弁論術に対して知恵および正義を僭称することをいっさい許さない（『ゴルギアス』四五五A）。弁論術自体が、ディレンマ的な存在なのである。しかし、この罠から、ゴルギアスはすでに抜け出している。その脱出とは、ゴルギアス独自の時間観によるものであり、その時間観では、時間は長さのある時間ではなく、「カイロス（kairos）」すなわち好機と見なされるのである。

V　好機（カイロス）としての時間

時間とは、任意の瞬間が別の任意の瞬間と等しいと見なされるような、等質的かつ無差別な場なのではなく、折りよく生じ来たる行為のための好機を示すものなのだということは、ゴルギアス以前のギリシア文化でも痛切に感じられていた。こうした感じ方を、われわれは、たとえばテオグニス、バッキュリデス、とりわけピンダロスいった詩人に見ることができる。しかし、好機《カイロス》について著述し、これについての理論を立てたのは、ゴルギアスが最初であると言われている（断片B一三）。

世界の論理的な捉え方、つまり、無矛盾律は、連続的な時間を要請したうえではじめて成立するものである。連続的な時間とはすなわち長さのある時間であり、ここでは時間が連続的な長さを有することによって、瞬間相互が比較可能であり、諸瞬間が一列に並ばぬことがあれば、これを糺《ただ》すことができる。真に存在するものは、諸瞬間が一列に並んだ時間のなかに存在するはずであり、長さのある時間の流れのうちにこそ自己同一性が得られるはずだ、というわけである。プラトンの形而上学は、ここから、存在が充分に存在するためには、永遠に存在することが必要であると結論した。存在は、単にこれこれの状況のおかげでのみ存在するものなのではなく、存在は自己自身で永久に存在するものなのである。

ところがゴルギアスは、パルメニデスの「存在」を退けたのと同様に、永遠性を時間の真理と見なす考え方、つまり、時間のうちで永久性が王者として君臨するという考え方を拒む。ゴルギアスの時間観においては、時間は本質的に不連続で、順境と逆境からできていて、こうした時間を一望の下に見渡すことはできない。その結果として、時間の内容の価値を測る基準は、それが存続するか否かという点にはない。最上の出来事は、一本の藁《わら》が燃える間の出来事であるかもしれないのだ！　こうした時間観が、前述した、真っ当な欺瞞という理論を正当化するものである。実在性は矛盾したものであり、幻惑をもたらす詩によって、人間は矛盾した二者に引き裂かれずに済むのであるが、幻惑をもたらす詩はこの救済を、矛盾する二者のうち一方を特権化し、立場をどちらか一方に決めることにより遂行するのである。ところで、矛盾する二者のうちの一方を選ぶこの選択は、恣意的でもなければ、無根拠なものなのでもない。この選択はカイロスに従ってなされるのである。この選択には、この上なく鋭敏な精神が必要であり、非常に繊細かつ軽妙な指使いが必要である。時間以上に微妙な扱いを要するものがあろうか？機会というもの以上に捉えがたいものがあろうか？　ジロドゥー(1)の『エルペノール』における水夫が歌うとおりである。「機会には前髪は一摑みしかない。／一摑みの前髪しかない」。

（1）ジャン・ジロドゥー、反リアリズムの立場で幻想的な作品を書いたフランスの劇作家〔訳注〕。

ある状況の求める側面をぴったりのタイミングで選び、もう一方の側面を度外視するには、威厳を備えた知恵が必要である。したがって、カイロスには、知恵に加えて正しさという意味合いも含まれている。カイロスが正しいというのは、正しく折りよい時に生じ来るという意味である。ここでの正しさとは正確さのことであり、そしてゴルギアスの巧みな表現によれば、人が「生気と血に溢れた事物」を摑むのは、つねに正確さによるのである。(1) ソフィストは、ひたすらに転向を繰り返していると言うべきではなく、ソフィストは単に時の急変に従っているのすぎないのである。

（1）断片B一六＝『弁論術』一四〇六b九――「血の気の失せた（anaima）」ではなく「血に溢れた（enaima）」というウンターシュタイナー『証言と断片』第二巻一三八頁注の読みを採る。

以上のことからわかるように、ゴルギアスは本質的に実践的な時間性を考えた最初の思想家であり、政治的な人間の形成や、将来の政治家の形成を行なう資格を持っていた。これは、バルザックが『ルイ・ランベール』において述べているとおりである。「政治学では、固定した原理などなく、恒常性などありえない。政治学とは時についての才覚であり、絶えず日々の必要に応じて力を行使することである。二世紀先を見通す人間など、広場で民衆の呪詛を受けて死ぬことになろう」（フランス愛書会版第一巻九八頁、傍点は引用者）。カイロスが政治的な価値を持つのはまた、カイロスが弁論におけるカイロスである場合があり、これは、弁論術がアテナイ民主政治では権力を得るための道具であったことによる。カイロスはまた、軍隊の指揮官の養成にも一役買っている。後代のカルル・フォン・クラウゼヴィッツは、この場合のカイロスを「眼識」と呼び、これを戦争の才能を成す一要因と見なした。しかしながら、カイロスの認識が本質的となるのは、倫理的生活においてである。徳について吟味する際、仮に、個別的な徳と、その徳が本当の徳、すなわち「卓越性」となるような的確な状況とを吟味するのではなく、徳一般の唯一なる本質を定義しようとするならば、そこで得られるのは、具体的な生活にあっては不便で使いものにならない普遍概念としての徳だけであろう。つまり、本質というものは、万人に対して、また、あらゆる時と場所に渉《わた》って通用するように規定されるものであるがため、人がある状況に置かれた際に使いものになるような状況分析を渡してくれるのは詳細な細目であるにもかかわらず、その細目が本質からはすべて消え失せているのである。徳をカイロスに基づいて定義するということは、道徳主体の身分が異なるのに応じてさまざまにある卓越性を語るということである。たとえば、子供の卓越性と老人の卓越性は別であり、また、市民の卓越性と市民権を持たない者の卓越性も別であるし、また戦争時と平和時とでは人間の卓越性は異なる。注目すべきことに、アリストテレスは、徳（アレテー）については ゴルギアスの考え方を高く評価し、プラトンよりゴルギアスのほうを採るほどであった。したがって、ゴルギアスの現実主義はアリストテレスにとって、日和見主義とは区別されるべきものと思われたわけである。

「実際、一般的な仕方で語る人びとというものは、徳が魂の良き状態であるとか正しい行為であるとか、その他、この種のものであると言うときには、自分自身に対して幻想を作り上げているのである。実際、ゴルギアスのようにさまざまな徳を枚挙する人びとのほうが、このように徳を定義する人びとよりもはるかに良く徳を語っている」（断片B一八。ウンターシュタイナーにより補完されたもので、アリストテレス『政治学』一二六〇a二五—二八）。

それゆえ、カイロスについての技術を、金儲けのための手腕であると見なすのは誤りである。この技術が目指す理想は、逆に、道徳的生活の実践を可能にするということであり、後にアリストテレスも自身の『倫理学』のなかでこのことを銘記することになる。[1] しかしながら、カイロスの有効性はこれだけに尽きるものではない。カイロスとは、単に実践生活のなかでの有利な時や、そうした時を捉えるため

の技術のことだけを言うのではないし、さらにはまた、弁論で即興に熟達していることを言うにとどま

るのでもない。カイロスこそは時間の本性を決定するものなのであり、すなわち、カイロスはアトム化

されたの時間という概念を形成するのである。これにより、長さのある時間や、長期、永遠性といったも
のは、もはや価値を失うことになるが、それは、こうした価値づけが、ゴルギアスの反駁を受けた存在

論と連動するものであったからである。

（1）この点に関しては拙著G・R＝デルベ『ものそれ自体――実在についてのアリストテレスの思考』（人間の時代社、一九八三）四八頁以下を参照していただきたい。

ゴルギアスの示す見解が首尾一貫している以上、われわれは彼を一人の思想家と見なすべきなのであり、逆に、ゴルギアスはただただ娯楽としての弁論に没頭し、結果としては自分の演説の才能をひけらかすだけに終わったのであろう、などと信じるわけにはいかない。たしかに、ゴルギアスは『ヘレネ称賛』を「遊具（paignion）」と称してはいる（第二一節）。しかし、プラトンにしても、自著『パルメニデス』を「子供の遊び（paidian）」（一三七B二）と呼んでいる。ギリシア文化での遊びの意味と価値を理解してみるならば、プラトンが自著を「子供の遊び」と呼んだからといって、そこにいっさいの真剣味を否定したということにはならないのである。ゴルギアスが、容赦なき理論家、輝かしい芸術家、深遠な思想家として、後に続く人びとに深い影響を及ぼしたことは、その断片が多量であることからも知られる。しかしながら、おそらくは、ゴルギアスの最高の栄誉はおそらく、プラトンが自らにふさわしい好敵手をゴルギアスのうちに見出したという事実であろう。

第三章　リュコフロン

リュコフロンの生涯と著作について知られていることといえば、紀元前三六四年あるいは三六〇年に、ディオニュシオス二世の宮廷に出入りしていたということくらいである（プラトン『第二書簡』三一四d）。リュコフロンはゴルギアスの弟子であったと考えられている。リュコフロンについて現在伝わっているのは、六つの短い断片もしくは証言だけであり、それらはすべてアリストテレスの報告になるものである。アリストテレスの証言から、われわれは、リュコフロンの思想に二面があったことを、残念ながら非常に不完全な形においてではあるが、ほぼ理解することができる。すなわち、認識論と政治理論である。

I　認識

ソフィストたちは、ヘラクレイトスを踏襲して、文法とは中立的なものではなく、いかに語るかということのうちにすでにいかに考えるかという問題が含まれている、という点に気づいていた。哲学的な語りの構造は古典的な形而上学の諸前提によって分節されており、この語りにおける取り決めの要《かなめ》は動詞「ある」で、これは、（言語についての理論としての）論理と（存在についての理論としての）存在論との結び目に位置するものである。この取り決めは、当時、すでにパルメニデス思想によって認可ずみであった。ところで、ゴルギアスが攻撃目標としたのはエレア派であり、その著『非存在についての論文』ではパルメニデスの論理をかき乱し、その空虚さを暴露するのを喜びとしている。ゴルギアスがパルメニデスの存在論の自爆を誘発するに当たって手がかりとしたのはまさしく、「在らぬものは在らぬものである」という命題における、「である」という繋辞であった。つまり、この命題からは、在らぬものが在り、したがって、在るものが在らぬということになる。ここで、ゴルギアスに対して、論理と存在論を混同したといって非難しても無駄である。なぜなら、両者の融合こそが、パルメニデス思想の特徴をなすものであったからである。ところで、前述のように、リュコフロンはゴルギアスの弟子であった。〔パルメニデスの〕存在論的な論理学の難点に気づいたリュコフロンは、その克服を試みた。リュコフロンの解決法は徹底したものである。彼は存在論を抹消するため、「ある」という動詞を抹消した。それと同時に、リュコフロンは、文の命題構造、すなわち、主語と述語とを繋辞〔「である」〕を介して関係づけることで言説を組織する、命題構造につきまとう一番の不整合を回避することができた。仮に、私が「その人は白くある」と言うならば、私はその人の存在〔ある〕を白さの存在〔ある〕のなかに住まわせることになるのであり、つまり、同一のものの真理を他なるもののなかに見出すことになるのであり、私は一であるものが多になるようにしているわけである。命題に基づく論理学や存在論では、主語は述語のなかへ置き換えられ、それによって主語は、当の主語について見出しうる述語と同数の多となってしまう。以上の理由から、リュコフロンや、それにおそらくアルキダマスらは、「あるを抹消する」（断片二＝『自然学』一八五b二七〜二八）。

ここでわれわれは、テミスティウスの註釈に同意することはできない（六・二八。ウンターシュタイナー

『証言と断片』第二分冊一五一頁注に引用）。その注釈によると、リュコフロンは、実体の現存在を肯定する場合（「ソクラテスがある」）には、動詞「ある」の使用を認め、単なる繋辞として「ある」を使う場合（「ソクラテスは白くある」）には、動詞「ある」の使用を却下したのであろうということである。(1) 実際のところは、「ある」の用法に関してこうした立場を取るとすれば、まさしくリュコフロン自身が拒むところの形而上学を受容する羽目になるだろう。すなわち、実体と偶有生の区別や、「がある」すなわち実体と「である」すなわち繋辞との区別、つまりは存在論と論理の区別を受容する羽目になろう。ところで、まさにこうした区別が受容された場合に、ゴルギアスがパルメニデスに突きつけた問題は解決されてしまうのである。アリストテレスの形而上学に属する諸概念をリュコフロンに押しつけることは許されない。というのも、第一に、リュコフロンはそうした概念を知らなかったし、第二に、仮に知っていたとしても、リュコフロンはそうした概念を拒絶したであろうからである。こうした、リュコフロンによる動詞「ある」の抹消は、ヘラクレイトス的な文脈において理解されるべきであるとわれわれは考える。ヘラクレイトスは、相反するものが互いのうちに内在することを承認した結果、いかなる考えも何かを実体として、それに類似するという可能性をあらかじめ否定し、命題の形を取った言語表現をできる限り拒絶することになった。こうした理由から、ヘラクレイトスが習いとする言語表現は、動詞「ある」をとばして反対の二者を並置し、そうすることで反対の二者を一つの命題の構造のうちに入れずに済ませるのである。「不死なる者は死すべき者であり、死すべき者は不死なる者である」と語ることが不条理であるとすれば、それは人が「不死なる者死すべき者、死すべき者不死なる者」というヘラクレイトスの言葉〔断片B六二〕を、まさしくヘラクレイトスがけっして受け入れない類の論理学および存在論の鋳型に押し込めるからである。そして、こうした論理学や存在論を拒絶すれば、不条理は解消するのである。(2)

(1) ギリシア語では Sokrates leukos というように、「ある(esti)」という繋辞抜きに、名詞の主格とそれに性・数・格の合致する形容詞だけで、「ソクラテスは白い」という文を表現できる〔訳注〕。
(2) この点に関してより正確を期すならば、次の拙稿G・R＝デルベ「言説と対立」『哲学研究』四(一九七〇)四七五〜四九七頁を参照。

ここに至って、われわれはおそらく、リュコフロンがなぜ複合表現を使用(アリストテレスから見るなら、濫用)して、たとえば「多くの顔を持った天空(poluprosōpon ouranon)」とか「大きな頂を持った土地(megalokoruphou gēs)」などと語ったのかを理解することができる(断片五＝『弁論術』一四〇五b三七)。こうした言い回しは、技巧や気取りを示すためのものではなく、その意図は、ある種の修辞法を作り上げることによって、動詞「ある」を省略して、述語を取る命題を解体しようというものである。リュコフロンは、それによって、論理学が主語と述語として、また形而上学が実体と偶有性として区別するであろうものを、ただ一つの名辞へとまとめるのである。その結果、形容詞はもはや付け加えられるものではなくなる。つまり、実在性はそのまま現われるのであり、そこに備わる諸性質は、当の実在性に最初から内在しているのであって、事後的に持ち込まれるのではない。リュコフロンの言説が拒むのは、抽象物を別の抽象物と関係づけることである。リュコフロンが意図するのは、事物をそれが持つ多様な諸相において一挙に開示することである。リュコフロンの場合、論理的な言説を拒むからといって、認識が不可能になるわけではない。これは、知を直観的なものとして捉えるために、推論を拒むということなのである。実際、リュコフロンは、「知識は、知と魂の間の交流である」と主張している(断片一＝『形而上学』一〇四五b一〇)。「交流(シュヌーシアー)」という語が示すのは、魂＝知の統一が直接的なものであり、この統一は、命題による遅れが入り込むのを受けつけないということである。シュヌーシアーが行なうのは示すことであり、論理学が行なうのは証明することである。しかし、証明するということは、結局、事物そのものは通り過ごしてしまうということになる。なぜなら、人は一つのものを多数のものによって証明するのであり、つまりは、事物そのものを他の事物によって証明するからである。

II 政治

リュコフロンも、やはり例の大論争、つまりノモスとフュシス、すなわち法と自然の間の関係についての論争に加わっている。アンティフォンやヒッピアスと同様、そしておそらくはポリスの偏狭な面を問題視したこともあって、リュコフロンは、法からあらゆる神聖性、あらゆる倫理的価値を奪い去った。ポリスは純粋に人為的な創造物であり、約束事（synthēkē）である。したがって、ポリスは自然のなかにはいかなる基礎も持ってはいない。ポリスの正当性は、単に市民がそこから有用性を引き出すことができるという点に存するにすぎず、ポリスは、市民「相互の権利の保証人」（断片三＝『政治学』一二八〇b一二）なのである。すなわち、リュコフロンは、自分の政治思想をよりうまく伝えるために、比喩を用いて次のように述べる。政治的共同体（koinōnia）は、国家間の同盟に似ている。国家同士が万一の場合に援助が得られるよう同盟を結ぶのと同様に、市民も、他の市民すべてと同盟を結び、相互に援助と敬意が得られるようにする（同）。ここに見られるのは、社会関係についての純粋に実用主義的な考え方である。

この理論の射程は、正確に言って、いかなるものであろうか？　カール・ポッパーはといえば社会契約について語るのを拒んだが、その際の口実は、社会契約説は「歴史主義的な形態をとって」示されることはないからというものであった（『開かれた社会とその敵』）。たしかに、歴史についての現代的な見方は、古代ギリシア世界の知るところではない。とはいえ、共同体が自然発生的（自然的）なものではなく、盟約（取り決めとしての法）にその起源を有する限り、やはり、リュコフロンには共同体の契約理論が存するのである。この契約理論の前提は個人主義の主張であり、われわれにとっては、この主張がソフィストにあったからといって驚くことはない。個人は自然によって存在し、ポリスというのは人為的構成物である。この人為的構成物、すなわちポリスを成す同盟の及ぶ範囲は限定されていて、時間的にも限定されていると言えるし、また、盟約の条文が他人によって遵守されねばならないという条件によっても限定されている。したがって、人為的な法は、人間本性の奥底を本当に損なうことはできないし、これを改変する力も持っていない。「法は市民を善良かつ正しい者にすることはできない」（断片三＝『政治学』一二八〇b一二）。したがって、政治は、プラトンがそこに託した希望、すなわち政治と道徳が手を結んで、公明正大な統治者が善き法を作り上げ、善き法が公明正大な被統治者の人格を形成する、といった希望を叶えることはできない。このように、人為的な法は倫理的には無力なのであるが、だからといって政治的問題の解決を妨げるものではない。それには、啓蒙された市民が、法を、せめて外面的にも尊重すれば得になるということに気づけばよいのである。ここからは、ずっと後年にカントが、政治的問題は悪魔の団体のなかでも解決可能であり、それには悪魔たちが常識を持ちさえすればよい、と言ったことが思い起こされる。

したがって、自然が生むのは、市民ではなく個人なのである。この、自然が生む個人はみな平等であり、したがって貴族階級（フランス語ではこれを不当にも「生まれ・出自（naissance）」と呼んでいる）は社会の生む一効果にすぎないのであり、社会それ自体と同様、純然たる約束事なのである。社会の約束事を正当化するのが功利主義であるとすれば、貴族階級はもはや正当化されえず、それゆえ「まったく空虚な観念」にすぎなくなる。なぜなら、「〔評判（ドクサ）においてではなく〕真実には、非貴族を貴族から区別するものは何もない」（断片四）からである。[1] アリストテレスは、散逸した著作『貴族階級について』において、リュコフロンを逐語的に引用しており、おかげでわれわれは、リュコフロンの文体の貴重な見本を手にすることができる。「貴族階級の美しさは目に見えぬもの、その尊厳は言葉の上のこと！」[2]。ここから、リュコフロンの政治的な立場も定まってくる。彼は民主政治の擁護者であり、少なくとも寡頭政治の信奉者に対する敵対者である。この意味で、リュコフロンはわれわれが見てきたソフィストの思潮に完全に同調している。

(1) この点に関する研究論文としては、ジャック・ブランシュヴィック「アリストテレスの作品『高貴さについて』」、P・M・シュール監修『アリストテレスの失われた五つの著作』（PUF社、一九六八）を参照。

(2) 断片四。われわれは、この一節の訳に際して、動詞「である」が省略されているものとして補完して訳す必要があるとは思われず、逆にわれわれはここにリュコフロンの反存在論的な文体の典型を認める。このような文体については、アリストテレスも断片二＝『自然学』一八五b二七—二八で述べているし、またわれわれもその重要性はすでに指摘した。

これらわずかな短い断片を通して見て取られるのは、一人の存在感あふれる思想家の堂々たる姿であり、彼は、不当な忘却の底からわれわれに語りかけてくるのである。

第四章　プロディコス

Ⅰ　生涯と著作

プロディコスは、キュクラデス諸島に属するケオス島〔アッティカ本土に近い島〕の町イウリスに生まれた。彼の生年は知られていない。一般に認められているところでは、紀元前四七〇年から四六〇年の間と推測されている。弁論の技術に熟達していたので、プロディコスは故国によりアテナイへ使節として派遣され、アテナイでは評議会議場の人びとから高い評価を得た（断片A一a、A三）。彼はアテナイで授業と講演を行ない、アリストファネスが喜劇中でその名を挙げるほど有名になった（断片A五）。プロディコスはまた、旅回りの教師でもあり、ギリシアの幾つかの都市国家に姿を見せている（断片A四）。

プラトンがプロディコスについて行なっている描写は、明らかに戯画化されたものである。したがって、プラトンの『プロタゴラス』に描かれているプロディコスの特徴をどこまで当てにしてよいのかは、わからない。プロディコスはおそらくプロタゴラスの弟子であり（断片A一）、教え子にはテラメネス（断片A六）、イソクラチス（A七）、エウリピデス（A八）、トゥキュディデス（A九）がいる。時にプラトン『クラテュロス』（断片A一一）を典拠として、ソクラテスもそのなかに数えられるが、当該箇所の皮肉を見れば、これは一種の警句なのではないかと考えられる。すなわち、その箇所でソクラテスは、自分は名前の探求に関して困惑に陥っていると打ち明けるのであるが、その理由というのが、自分がかつて聴講したプロディコスの授業が聴講料五〇ドラクマのものではなく一ドラクマものであったからだと言うのである。一師の思想を知らぬとは、何とふざけた弟子であろうか！　とはいえ、デュプレールの言うように、たとえソクラテスが、本来の意味でプロディコスの弟子ではなかったにせよ、ソクラテスは、プロディコスの道徳思想によく通じていて、そこから着想を得ていたと思われる。[1]また他方、プラトンが語るソフィストたちのうちでは、プロディコスが「いちばん穏当に扱われている[2]」ことに注意すべきである。

（1）デュプレール『ソフィスト』（ヌシャテルル・グリフォン社、一九四八）一二一頁以降〔とくに一二三頁、また、『メノン』九六DE参照〕。
（2）同書、一一七頁。

プロディコスの著作について問題になるのは、古代の証書が伝えるさまざまな題名はそれぞれ異なった著作に冠されていたのか、あるいはただ一つの著作の章区分を成していたのか[1]ということであり、後者の場合でも、題名の失われたさまざまな儀礼演説（エピデイクセイス）は、プロディコスの別の著作として付け加えねばならないであろう。ウンターシュタイナーは、後者の仮設をいまのところ強力に確証しているとわれわれは考える。したがって、プロディコスの著作にはピデイクセイス〔儀礼演説〕のほかに、『諸季節（ホーライ）』という一大著があったと推測され、その一部門は「本性について」と題された（断片B三）、これがまた二部から成り、その一方は「人間の本性について」論じるものであった（断片B四）。残る問題は、著名なヘラクレスの選択についてのテクストで、その内容はクセノフォンが述べている。これはウンターシュタイナーによれば、『諸季節』の最終部であったものに違いない。[2]たしかに、クセノフォンはヘラクレスの選択についての寓話が公開演説に属していると言っているように思われるが、[3] しかし、アリストファネスの注解者は、ヘラクレスの寓話を明確に『諸季節』の一部と見なしている。[4]

この蓋然性に関して、ウンターシュタイナーはアルパースの分析に依っている（一〇頁、注二四）プロディコスのこの著作の題名にも謎が含まれている。『ホーライ』というのは『時』と訳すことができ、これはケオス島では自然の豊饒の女神たちのことであった。あるいはまた『諸季節』と訳すこともできる。われわれは、デュモンに倣って、第二の訳語を採った。[5] プロディコスが専門としていた同義語の研究について言うと、これは独立の論文を成していたものではなく、プロディコスが哲学的な分析を行なう機会のあるたびに展開されたものである、というのがこんにちの通説となっている。

（1）これはウンターシュタイナー『集成』第二巻八—九頁の仮設である。
（2）同書第二巻二四節。
（3）この点に関してはガスリー「ソフィスト」『ギリシャ哲学史』第三巻（ケンブリッジ大学出版局、一九六九）を見よ。これはウンターシュタイナーとは反対の見解である。
（4）断片B一。ヘラクレスの寓話が『諸季節』に属するというのは蓋然的なことであるにすぎないという点は、ウンターシュタイナーの強調するところである（前掲書、第二巻九節および二四節）。
（5）デュモン『ソフィスト　その断片と証言』（PUF社、一九六九）一二一頁の注（4）を見よ。

Ⅱ　自然神学

プロディコスの大著『諸季節』は、文明の発生の描写から始まっていたと思われる。この描写はプロディコスの場合、神の本性と行為の省察に密接に結びついていて、この神的行為は多神教の発想に基づいて絶えず人間的事象へ介入するのである。このような人間の歴史は、自然の歴史である。すなわち、プロディコスにとって、文明の発展は本質的には大地と農業に関わる事柄すべてによって生じるものなのである。こうした大地の宗教を仲介として、プロディコスは祭祀（culte）と文化（culture）を密接に結びつける。したがって、彼はノモス〔人為的な法〕とピュシス〔自然〕を対立するものとは見ず、両者を連続するものと見て、法は自然から発生するものとした。

ディールス・クランツの断片集にウンターシュタイナーが付加したエピファニオス〔四世紀のキュプロスのサラミスの司祭で、異教の学説としてギリシア哲学者の考えを記録した〕の証言では、「プロディコスは四元素を神と呼び、またその上に太陽と月をも神と呼んでいる。実際、万人にとって生命の原理は太陽と月から生じると彼は言っていた[1]」と明言されている。太陽がすべての発生に責任があることは、後にアリストテレスがこのことを想起して、「人間を生むのは人間であるが、また太陽でもある」と言うのを常とするようになる。月については、ルイ・メナールによれば、古代多神教では「つねに、月には植物の成長・生死に対して影響力があるとされた。（……）アイスキュロスがアルテミスをデメテルの娘としたことは周知のとおりである[2]」。しかしながら、神と見なされたのは、天体という見知らぬ世界の全能者ばかりではなく、「河や湖や草地や果実」などのような、さまざまな顕われ方をする自然の全体でもある[3]。ところで、プロディコスがここでの多神教的な感覚を、単に伝達しているにせよ、その心理的分析を行なっているにせよ、その多神教的感覚に依るならば、神はもっと身近で些細なものであってもよく、日々の生活の糧という姿をも取りうる。すなわち、パンや葡萄酒、水や火も神なのであり、それというのも、それぞれデメテル、ディオニュソス、と名づけられているからである[4]。これらの神性の共通点は、人間の生存との密接な連関、人間の生存に役立ちうる物との密接な連関である[5]。プロディコスは完全にギリシア宗教の糸目に沿っているのであり、そこでは神は自然現象と密接に結合されている、というよりはむしろ自然現象を構成するものとなっているのである。「ゼウスが雨を降らせる」〔三四〕とアルカイオスは言う。自然に対するこうした感じ方はたしかに現代人には縁遠いものであり、現代人は、自然というと超越的な唯一神とは根本的に区別される客観的な世界を考えるものである。メナールによれば、こんにち、世界はもはや神的生命の座ではなくなり、世界は惰性的な物質にすぎず、これは美しいとはいえ、世界を概念把握する人間精神にくらべれば劣ったものなのである[6]という。これとは逆に、ギリシアの異教が強く感じ取っていた神とは、「生ける神々、目に見える神々なのであり、これは世界の美のうちに啓示され、感覚を通して精神に顕現し、人間の全身に浸透するものであった[7]」。

しかしながら、神々は自然であることに満足するものではなく、また、それにより人間を生存させることで満足するものでもない。神々は人間のために、この自然のなかで人間にとって最も役に立ちうるものの発見を行なってもくれるのである。実際、プロディコスは、「食物や、自然の隠れ家や、その他の技術の発見者、たとえばデメテルやディオニュソスなど[1]」について語っている。「これらの発見」というのが指すのは、おそらく小麦の小麦粉への変化、葡萄の実の葡萄酒への変化のことであろう。「技術」というのは、食物を調理するための火の使用のことを言っているのかもしれない[2]。これに加えて、

(1) 断片B五、ウンターシュタイナー『証言と断片』第二巻、一九四頁。
(2) 『ギリシアの多神教について』第二版(パリ、シャルパンティエ社、一八六三)二八六頁。
(3) 断片B五、セクストス・エンペイリコス。
(4) 同断片。
(5) 断片B五。キケロ『神々の本性について』第一巻第三七章第一一八節。
(6) 前掲書三四九頁。
(7) 同書、三五〇頁。

別の断片では、「プロディコスが言うには、神々の間に迎えられた人とは、自分の旅の間に、自身によって最近収穫が発見されたうえで、それを人びとの使用に供した人である[3]」とある。

(1) 断片B五、フィロデモス。この断片には欠損がある。
(2) 断片B十〔プルタルコス〕。
(3) 断片B五。ミヌキウス・フェリクスによる断片。この微捗な一節に関しては、われわれはウンターシュタイナーの解釈が最も蓋然性が高いと見なしてこれに従った(『証言と断片』第二巻、一九二―一九三節)。

右に引用した諸断片から発生する問題は、この「発見者」というのは何のことか、という問題である。ここで、フィロデモス、キケロ、セクストスによる断片(断片B五)が、宗教感情に関するプロディコスの主張を、徹頭徹尾、エウヘメロス主義のほうへと引き寄せている、ということを認めねばならない。しかし、これは断片の作者たちの側の回顧的投影なのであって、プロディコスより後の時代のエウヘメロス〔紀元前三世紀の旅物語の作者で、神々を英雄的人間の神格化されたものとする考えを広めた〕を通してプロディコスを読もうとするものにほかならない、とわれわれは考える。エウヘメロス主義というのは、一種の無神論である。すなわち、その原理によれば、人びとが神々と呼ぶ者も、起源を辿れば、民間信仰により神格化された人間にすぎない。われわれとしては、プロディコスが無神論者であったとは信じられない。プロディコスに関しては、無神論の廉《かど》によるいかなる公的な訴訟事項が起こされたとも伝えられていない。これに対して、プロタゴラスの場合、単に神の存在についての不可知論を唱えたというだけの理由で、その著書が公共の広場で焚書にあっているのである。他方、『ヘラクレスの選択[1]』は、神々への祈願を行なっているのであろうが、この祈願が純粋に慣例的なものだとする言われもない。宗教感情と有用性のテーマとの結合に光を当てたのはプロディコス自身であるが、この両者の結合こそが前述の誤った解釈の元となり、宗教の問題に関して、人びとはプロディコスを引用することで、宗教を有用性へ還元する読み方をするようになったという可能性もある。その際、この種の引用は、おそらくただ一つの典拠によっていたものであろう。こうした謬見に反して、プロディコスの学説と秘儀的祭祀、とりわけエレウシスの秘儀との間には、密接な関係があると思われる。エレウシスの秘儀における特別な奉仕の対象はデメテルの祭祀であり、デメテル自身は農耕の神、つまり「文明化という作用の原理」[2]なのである。したがって、プロディコスの語る「発見者」というのは、人間のことではないと思われる。つまり、ある人間が、それ以前には存在していなかったものを発明した後、仲間の人間たちがその業績を認めてその人間を神格化したというわけではない。プロディコスの言う「発見者」というのが指すのはむしろ、「自然のなかに存在するもので人間の役に立つものすべてを明るみに出す者」のことである。[3]

ミヌキウス・フェリクスによる断片[4]が語る「旅」というのも、デメテルが娘・コレを探して彷徨《さまよ》ったことを指しているのかもしれない。[5]デメテルという神は、次のようなプロディコスの見方のなかでは中心的役割を果たす者であろう。すなわち、プロディコスは、「人間によって執り行なわれる宗教的犠牲のすべて、また諸々の秘儀や入門儀礼を、農耕が与える恵みに結びつける」[6]のである。有用性のテーマと信仰との関係づけが宗教上の懐疑主義を意味するように見えるとすれば、それは人が——ヘーゲルの表現を借用するならば——「神性一般についての貧弱な感覚」[7]という状況のなかにいるからにほかならない。時代状況それ自体が宗教的であったときには、有用な神というのはむしろ救い主と呼ばれるのである。この時代のギリシア人にとって宗教的な対立は無神論者と信仰者の間にあるというよりもむしろ、無神論というのはこの時代にはあまりにも極端な立場であったので、対立は、トラシュマコスのように神々が人間的な事柄には関心を持たないと信じるか、あるいは逆に、おそらくはプロディコスがそうであるように、神々は人間的な事柄に配慮すると信じるか、という点に置かれることとなった。したがって、プロディコスは神話の哲学を著わした最初の著作家であった。彼は、語の特殊な意味においてではあるが、一種の自然神学を作り上げたのである。

（1）断片B二第二七節。
（2）ルイ・メナール前掲書、二八七頁。
（3）ウンターシュタイナー『集成』第二巻一七頁。これはまた、ネストレおよびゴンペルツの立場でもある。ガスリーによれば、ウンターシュタイナーにあっては、プロディコスが非エウヘメロス主義であるという主張と、『集成』第二巻一六頁での、発明者が「神々の間に迎えられた（furono accolti fra gli déi）」という文の構成部分との間には矛盾が見られる。しかし、ガスリーは、ウンターシュタイナーからのこの引用文が表現しているのは、マリオ・ウンターシュタイナー自身の意見ではなく、ウンターシュタイナーがその断片を引用したミヌキウス・フェリクスの意見であることを見落としている。ウンターシュタイナーはミヌキウス・フェリクスの断片の冒頭を正確に翻訳しているのであり、この冒頭部分というのはウンターシュタイナーには引用符によって引用されてはいないものの、『証言と断片』第二巻、一九二―一九三頁に見ることができる。すなわち、ここで「神々の間に受け入れられた（adsumptos in deos）」というのは、「神々の間にその地位が認められた」という意味である。
（4）断片B五。『証言と断片』第二巻、一九二頁。
（5）娘・コレは断片B五におけるテミウティウスの証言の冒頭部分で言及されているが、この冒頭部分はウンターシュタイナーには記載されている（『証言と断片』第二巻、一九四頁）が、ディールス＝クランツの断片集では省かれている〕。
（6）断片B五、テミスティウス。宗教と農耕のこの連関はさらに、メナールの予言術に関する考察により例証される。「ギリシアの神託のなかで最も古いドドネの神託について知られている事柄から示されるのは、〝予言術〟というのが、その起源にあっては、直観的な天気予報にすぎないということである。（……）これは農耕すなわち、人間生活に最も直接に関わる知識である」（前掲書二五一―二五二頁）。また、宗教的犠牲と食事の連関を考えることもできる。
（7）『精神現象学』序論。

Ⅲ　英雄倫理

ガスリーは、岐路に立つヘラクレス〔ギリシア神話での代表的な半神半人の英雄〕の寓話に対して軽蔑の念を示し、ここには「初歩的な道徳上の決まり文句」しかないとするのであるが、われわれはこの見方には与しない。[1] 道徳的な寓話といういとりわけ危険な文学様式のなかで、プロディコスは正しい語り口を見方を見出し、一時たりともヘーゲルの言う「無味乾燥な教訓」には陥らないだけの手腕を持っていた。この見方寓話は、逐語的にではないが、内容はクセノフォンにより伝えられている（断片B二）。この

（1）ガスリー前掲書、二七七頁。

ヘラクレスは、青年期の初めに、自分の進むべき人生の進路について熟考するために、人里離れた場所に引きこもった。そこへ、二人の女性が現われ、その各々はヘラクレスに対して自分が代表する生き方を賛美する。すなわち、一方の生き方は逸楽の追求に捧げられたものであり、他方の生き方は倫理的卓越性の追求に捧げられたものである。第一の道は、魅惑的で容易である。第二の道は、あらゆる時、あらゆる場所にわたる努力を要求するものの、この道に参入する者には尊敬と賞賛をもたらす。倫理的卓越性のこの地上における報酬は、確実で永続的な財産の所有である。倫理的卓越性によって、勇者は幸福の絶頂に到達することができる。したがって、二つの道はともに幸福に向かうものではあるが、第一の道が目指す幸福は直接的な感覚的快楽の形を取り、第二の道が目指す幸福は、過度と倒錯を遠ざける術《すべ》を心得た、理性的な喜びの形を取る。以上が問題の寓話の大枠であり、これは古代の知恵の主立ったテーマを幾つか組み合わせたものである。この寓話については、幾つかの個別的な点に関して若干の注記をするにとどめよう。

倫理的卓越性の女神（アレテー）と倫理的悪の女神（カキアー）との対決に劇的効果を与えているのは、岐路の前に立たされた若者ヘラクレスの躊躇である。選択、すなわち個人的決意の問題が立てられるということは、この時代にむかって個人性の目覚めをつきつけることである。人間は、もはや盲目的に部族の規範や禁忌に従うのではない。人間はさまざまな価値を比較し、自由意志によって裁定を下すので

ある。これは、古代の人間中心主義が獲得した成果の一つであり、後にはアウソニウスが、それを「人生のこの道を私は行くであろう（Quod iter sectabor vitae）」と要約し、また後代には、デカルトもこの言葉を想起することになる。

ヘラクレスの寓話の第二のテーマは、英雄的な主意主義である。倫理的卓越性は容易に獲得されるものではない。そこからして、労苦や努力が称揚されることになる。ここでプロディコスは一つの道標となってヘシオドスに発し、(1)アンティステネスを経由して、(2)アリストテレスが倫理的卓越性に捧げた詩へといたる、(3)また、言うまでもなくストア主義へもいたる道の方向を指し示している。ただし、以上のように労苦と労役を擁護したからといって、それはけっして苦行主義ということにはならないという点は強調しておかねばならない。倫理的卓越性が現実化するためみずからに課す試練は、倫理的卓越性を幸福へ、しかも最大の至福を内包する幸福へと導くものである。(4)生存の目標は、後にアリストテレスの『ニコマコス倫理学』が言うように、やはり幸福〔エウダイモニアー〕なのである。

(1) ウンターシュタイナー『証言と断片』第二巻、一七八―一七九頁では、クセノフォン『ソクラテスの思い出』第二巻第一章の引用は第二〇節から始まっていて、この節でクセノフォンはヘシオドスとエピカルモスを引用している。

(2) ディオゲネス・ラエルティオス第六巻第二節（カッツィ版断片一九。また断片一一一A、一一一B、一一三をも見よ。

(3) しかも、アリストテレスはここではっきりとヘラクレスの名前を挙げている「ゼウスの息子たち、すなわち、ヘラクレスや、レダの子供たちがその労苦に立ち向かったのは汝〔アレテー〕のためであった、彼らが自分たちの功業により汝の卓越性を獲得しようと望んだ時には」（ディオゲネス・ラエルティオス第五巻。翻訳は、P・ボワイアンス『ギリシア哲学者におけるムーサイ信仰』（パリ、デ・ボッカール、一九三七）三〇一頁による）。

(4)〔断片二〕第三三節第一五一行（ウンターシュタイナー『証言と断片』）。

ヘラクレスの寓話の第三の重要なテーマは、「生き方」の明確な規定である。観照的生という理想はここには出てこない。ここからわれわれは、プロディコスの目当てが、何よりもまず実践的な生のための人間形成であるということが見て取れる。こういうわけで、この寓話は、古代社会で尊ばれた男らしさという倫理的模範を形づくることになった。この男らしさは、教育の結果なのであり、教育の重要性はここに尽きるのである。倫理的悪の女神がヘラクレスに約束するのは、第一に「戦争についても国家の事柄についても[2]」ヘラクレスは心配する必要がない、ということである。ここでただちに想起されるのはアリストテレスであり、アリストテレスもやはり「実践的な徳の現実活動は、政治および戦争の場において生じる[3]」と言っている。プラトンの諸対話篇のなかで、理論家の哲学者ソクラテスに敵対する者たちがソクラテスに投げつける非難の極めつけは、まさしく、ソクラテスがまったく政治に携わらないということ、したがって、真の意味で完成された人間ではないということである〔とくに『ゴルギアス』四八四C～四八六D〕。

(1) 同一五三行。
(2) 第二四節第五七行。
(3) 『ニコマコス倫理学』第一〇巻第七章一一七七b六。

ヘラクレスの寓話〔断片B二〕の第三〇節で、プロディコスは、同性愛が罪であると認めている。アレテー〔徳〕は、「男性をあたかも女性であるのように用いる[1]」行為を非とするものである。したがって、われわれは、古代ギリシアにおいて同性愛が普通のことであったと言うことがいかに誤っているかということを見て取ることができる。同性愛は、むしろスパルタの貴族階級に固有のものであり、そこでの戦士階級に限られたものであったのである[2]。それゆえ、この一節から、プロディコスが貴族階級の慣習および伝統に対して距離を置いていたと結論づけることができる。なぜなら、「ギリシア中どこでも、貴族階級の者たちは、スパルタの貴族階級の影響を非常に強く受けていた[3]」からである。こうした傾向は、ヘラクレスの選択のテクストが示す、もう一つ別の政治的な含蓄からも確かめることができる。倫理的卓越性の女神（アレテー）は、「私は他のどんな女神よりも尊敬されています[4]」と宣言した後に、自分の活動範囲を列挙している。すなわち、彼女は「職人たちの愛しい仲間」であり、「召使たちの親切な伴侶」である。[5] 職人や召使が、徳すなわち倫理的卓越性にあずかるのを認めるところに、プロディコスの人間中心主義の厚みが顕われている。また、そこには、政治的にはどちらかというと民主主義的な傾向が、あるいは少なくとも非寡頭政的な傾向が、表現されている。プロディコスの行なう教育は、政治に無関心ではない。というのも、プロディコスは、ソフィストを「哲学者と政治家の中間」[6]の何者かであると定義しているからである。したがって、プロディコスは、積極的に国家の事柄に参加することを志す市民の人間形成に奉仕していたのであり、彼の聴衆は民主主義者であるか、あるいは、貴族主義者でありながら民主政治を行ない、民主政治の規則に服することを受け入れていた人びとであったに違いない。プロディコス説は、広範囲にわたるものであった。なぜならそれは、すでに見たように、少なくとも宗教現象および倫理現象をその守備範囲に収めるものであったからである。

(1) 第一一四行。第二四節第六〇行で、倫理的悪の女神はヘラクレスに「若い少年たちとの交わり」を約束するが、引用箇所はこれに対する返答となっている。
(2) W・イェーガー『パイデイア』第一巻のすぐれた解明を見よ。それによれば、「この（パイディコス・エロース〔少年愛〕という）慣習は、イオニアおよびアテナイの庶民感情にとっては、多かれ少なかれ縁遠いものと感じられるに止まった」。
(3) イェーガー同書。
(4) 第三二節第一三二行（ウンターーシュタイナー）。
(5) 第一三三一一三五行。
(6) 断片B六『プラトン・エウテュデモス』三〇五CD。

第五章　トラシュマコス

I　生涯と著作

トラシュマコスの生地は、ビテュニアのカルケドンである（断片A一）。ウンターシュタイナーは、トラシュマコスの生年は最も早くて紀元前四五九年であるとし（『集成』第二巻、一七五節）、トラシュマコスが首を吊って死んだという噂にはいかなる信も置いていない（断片A七）。トラシュマコスの没年は知られていないが、彼の『ラリッサ人への演説』が書かれた時期としては、紀元前四一三年と三九九年の間以外の可能性はない。アリストファネスの喜劇『宴席の人びと』（断片A四）に依れば、トラシュマコスはアテナイで紀元前四二七年以前にすでに弁護人の職を営んでいた。トラシュマコスはソフィストという称号を公然と要求した。トラシュマコスの墓には、彼の名前の下に、「知ることが私の職業である」という文字が読み取られた（断片A八）。したがって、トラシュマコスはペロポネソス戦争を経験し、アテナイにあっては党派間の闘争を目撃したのである。トラシュマコスは、自身はアテナイ人ではないために民会で演説することはできなかったが[1]、他人のために演説を起草することで、間接的に政治生活に関与していたように思われる。けれども、トラシュマコスは裁判で発言し、プラトンとアリストテレスの言葉を信じるならば、悲壮な調子の演説に長けているところを見せたとされる[2]。

（1） ウンターシュタイナー『証言と断片』第三巻、二四頁注参照。
（2） 断片B六（プラトン『パイドロス』二六七CD）、B五（アリストテレス『弁論術』第三巻第一章一四〇四a一三―一五）。

トラシュマコスの著作には以下のものがあったと思われる。すなわち『審議的演説』（断片A一）、『弁論術についての大論文』（断片B三）であり、ウンターシュタイナー（『集成』第二巻一七六節）によれば後者の章区分をなすのが、「序論」（断片B四）、「同情」、「勝つ演説」（断片B七）である。さらにまた、『弁舌の源泉』（断片A一）、『荘厳演説』（断片A一三）があり、後者は、ブラスによれば『空想的演説』と同一のものである。[1] これらどの著作についても、こんにち伝わっているのはわずかな断片にすぎない。その主立ったものを挙げると、『審議的演説』の「序論」[2]、『ラリッサ人への演説』の一文（断片B二）、帰属先の特定が不可能な演説の一文[3]（断片B八）がある。プラトンの『国家』第一巻でトラシュマコスがソクラテスと対決する有名な場面について言えば、これによって解決される問題より新たに投げかけられる問題のほうが多い。というのも、この争論的な文章にあっては、間違いなく歴史的なトラシュマコスのものといえるのが何であるのか、また、プラトンのせいでトラシュマコスの思想が受けた歪曲がどのようなものであるのか、といったことを知るのはきわめて困難だからである。

（1） 断片A一。ウンターシュタイナー『証言と断片』第三巻、三節注参照。
（2） 「国制について」、断片B一。
（3） 断片A一〇（プラトン『国家』第一巻三三六BC）。『証言と断片』第三巻、八頁以降はディールス＝クランツの断片集の引用に続く『国家』の箇所も非常に長く収録している。

これらの断片は二つの問題を提起する。一つは国制の問題であり、これは歴史的な性格のものである。もう一つは正義の問題であり、これは哲学的な性格のものである。

Ⅱ　政体論争

ウンターシュタイナーが「国制について」というまとまった断片を読む際に手がかりとするのは、旧来の寡頭制支持者による『アテナイ人の国制』である。[1] ウンターシュタイナーは、そこに、民主政治の数に訴える制度に対する告発を見るのである。当面の危機が切迫しているにもかかわらず、民主政治は、相互に対立するさまざまな論議と内部闘争とで疲弊してしまっている。ウンターシュタイナーの結論は、「トラシュマコスが提案する解決策は、〝父祖の国制（patrios politeia）へ帰れ〟という寡黙派の合言葉と一致している」というものである。[2]

（1）『集成』第二巻一九五頁、および一九七頁を参照。『証言と断片』第三巻二四頁注も同趣旨。ウンターシュタイナーは「国制について」の執筆年代を紀元前四一一年あるいは四〇三年としている。
（2）同書一九六頁。

われわれとしては、「国制について」のなかに見られるのは党派的精神の印ではなく、逆に、民主政治内の紛争から抜け出てその上に立とうとするソフィストの努力であると考える。「国制について」[1]のなかの話者は、演説を始めるに当って、まず、自分が若年にもかかわらず国家の事柄に口を挟むことについて弁解を行ない、こんにちポリスを襲っている災厄の原因は政治的なものであるから、やはり「発言せねばならない」[2]と言う。ここで言う災厄には、二つの次元が区別される。すなわち、対外的な闘争（ペネポソネス戦争）と、国内の反目（寡頭派と民主派の抗争）とである。[3] トラシュマコスが提唱する救済策は、「ホモノイア」、すなわち「協調」という一語に要約される。こうした友好関係は、思考と行動といら二つの段階で実現されうるものである。さらに、この友好関係は、すでに存在している以上、生み出すのはいっそう容易である。実際、敵対する者同士は相互に対立していると思っているだけであり、そうした人びとは、実践の領域では、したいと思っているのが相手と同じことであるのに気づいておらず、また、理論の領域では、「相手の主張がすでに、相手に対する自分の主張のなかに含まれている」ことに気づいていない。後者の定式で注目に値するのは、そこから後の弁証法が予見されるという点である。すなわち、ソフィストであるトラシュマコスは、ここで論争術の専門家としての構えを取るのではなく、正真正銘の調停のロゴス〔言論〕を基礎づけているのである。この事実からして、トラシュマコスはプロタゴラスおよびその矛盾対立論法という主張には対立する者であることになる。すなわち、〔プロタゴラスの立場とは異なり〕複数の言説同士が互いに互いを含み込んでいるというのは解消されるものなのであり、言説同士の対立というのは見かけ上のことにすぎないのである。このホモノイア〔協調〕というテーマは、後述するアンティフォンにあっても大きな働きをしているし（断片B四四）、また、アンティフォンほどでないにせよヒッピアスについても同じことがいえる（断片C一）。われわれはここでまた再び、ソフィストが、暴力を説く知的教師であるという見方がいかに誤っているかということに気づくのである。

（1）「事柄（ta prāgmata）」（『証言と断片』第三巻、二四頁、二一行）。
（2）同二七行。
（3）ここで弁論家が「争いを好む偏狭な人びと」と言うのは、この両派の支持者のことである。
（4）同四五行。
（5）同四六〜四七行。

トラシュマコスが父祖の国制を持ち出してくるのも、諸党派の間に共通な地盤を求めてのことである。諸党派の対立はこの国制をめぐるものであるが、しかし実際は、この国制は「すべての市民の共通善[1]」

なのである。トラシュマコスのこうした中立性は、彼の権力論にも見ることができ、その権力論は、一般理論として、民主政治に対しても僭主政治に対しても、また他のいかなる政治体制に対しても、等しく有効な分析を行なうことができる。(2)

(1) 同四九〜五〇行。この「共通 (koinoiatē)」という語に関しては『証言と断片』第三巻二九頁の注釈を見よ。ただしこの注釈は、〝父祖の国制〟は「寡頭派の合言葉」であったという彼の主張とは、いささか矛盾している。

(2) プラトン『国家』三三八E。

Ⅲ 正義と正当化

プラトンの『国家』第一巻の登場人物であるトラシュマコスが歴史上のトラシュマコスとは一致していないのではないか、と疑ったのは、おそらくグロートが最初である。グロートによれば、トラシュマコスが激怒とともにソクラテスの諸命題にぶつける暴力崇拝という命題は、アテナイ人の聴衆には受け入れがたいものであったはずだと言う。同様に、トラシュマコスの述べる僭主政への称賛(三四四A以下)も、民主政治下にあるアテナイの世論にはひどく不快感を与えるものであり、容認されなかったはずのものでだと言うのである。(1) これに加えて、さらにわれわれはこう言うことができる。すなわち、カリクレスの立場はトラシュマコスの立場ほど絶対的なものではないという意味で両者の立場は異なっているものの、プラトンが実在のソフィストであるトラシュマコスに向けた非難と、ソフィストたちの(おそらくは架空の)弟子であるカリクレスに向けた非難とは同一である。すなわち、彼らの正義感の行き着く先は力の擁護であり、これは、道徳感情をひどく害し、かつ、さまざまな矛盾に巻き込まれる主張である。ソフィストの術に対する診断としては、すでにプラトンの『法律』のなかに注目すべき要約がある。「ソフィストの術とは、実際のところは、法律が望むように他人に奉仕するのではなく、他人を支配して生きるということである」（第一〇巻八九〇A）。この診断を例示するのが、『国家』におけるトラシュマコスの喧嘩腰の姿勢であり、そこで彼は「猛獣のように」（三三六B）ソクラテスに飛びかかったと語られている。プラトンは、おそらくここで、「戦いにおいて大胆な」という意味のあるトラシュマコスという名前についての、ヘロディコスの洒落を利用しているのである。[2] したがって、プラトンによるソフィストの術の分析には、ある一貫性を見て取ることができ、その一貫性に基づき、『ゴルギアス』および『国家』第一巻は、歴史的証言ではなく反ソフィスト立場の理論的証明となっている。これらのテクストの性格は哲学的論争といったものであり、若干の歴史家がこれを史実と軽々しく信じたのは、ただただプラトンの権威のなせる業なのである。

（1）ジョージ・グロート『ギリシア史』（ロンドン、J・マレイ社、一八六九）新版第八巻、一九四～一九七頁。
（2）つまり、トラーシュマコスという名前をトラーシュス（大胆な）およびマケー（戦い）の二語に分解することによる（断片A六、アリストテレスによる証言〔弁論術第二巻第二三章一四〇〇b一九―二一〕）。

しかしながら、プラトンの『国家』第一巻の証言を十把一からげに却下すべきではない。必要なのは、プラトンによる歪曲が、正確にはどの箇所で生じているかを決定する試みなのである。幸いなことに、われわれには、トラシュマコスの断片で『国家』によるものではなく、トラシュマコス自身の演説の一部を成すものが伝わっていて、そこでトラシュマコスはこう言っている。「神々が人間的な事柄を考慮することはない。実際、〔もしそうなら〕神々は人間にあって最大の善、すなわち正義の管理を怠るはずがないであろう。ところが、われわれが現実に見るには、人間は正義を行なわぬ、ということである」（断片B八）。

ここでトラシュマコスが深い失望感とともに確認しているのは、正義が最高権威者として統治してはいないということである。サド以前にあって、すでに、トラシュマコスは、徳の不幸と悪徳の栄えを認めている。そして、『国家』の一節には、正義の人はいたる所で不正な人に対して不利な位置にあることに「お人好しのソクラテスよ、お前は、トラシュマコスの醒め切った言葉の反映を見ることができる。気づきさえすればよいのだ〔三四三D〕」。しかし、トラシュマコスはさらなる歩みを進め、これはプラトンを飛び上がらんばかりに仰天させることになる。トラシュマコスは、アンティフォンやリュコフロンやアルキダマス同様、ノモス〔法〕に対する辛辣な批判へと突き進むのである。この批判とは、真の意味での法の非神話化であり、それによると、法は、通常信じられているように不正に対する防壁の役を果たすなどというのはとんでもない話で、不正により汚染されかつ堕落しているのが現実なのである。すなわち、法は権力の道具なのであり、法自身はみずからが理性的な言語表現であると称するが、実際はそのようなものなのではない。こういうわけで、事実はというと、法には党派的な偏向がつきものであり、中立性など法は顧慮しはしない。中立性は語の非政治的な意味における正義には不可欠のはずであるが、法の上の正義はその正反対で、トラシュマコスはこれを以下のように定義している。

「あらゆる統治者はつねに自分自身の利益となるような法を定める。すなわち、民主政治は民主的な法を、僭主政治は僭主的な法を定める、といった具合で他の政治体制についても同様である。次いで、こうした法ができるとこれらの統治者は、自分自身の利益になることが正しいのだと被統治者に対して宣言する。そして、もし誰かがこの法に違反した場合には、これらの統治者はこれを法および正義の侵犯者として処罰するのである。これこそが、私のこよなき友よ、あらゆる国家において同一なものとしての正義と私が呼ぶところのものなのだ。すなわち制定された統治者の利益である。ところで、力を所有しているのはこうした権力なのだ。ここから理性的推論ができる者なら誰にとっても帰結する結論は、正しいと言えるのはあらゆる所で同一の事柄なのであり、それはすなわち強者の利益なのだということである。」（『国家』三三八E①三三九A）。

法は不正の表現そのものとなっている。というのも、法は個人に対して行なわれる暴力であり、また、権力者の権勢欲に仕える道具であるからである。したがって、法はもはやかつての法、すなわち、道徳の保証人ではありえない。トラシュマコスの引き裂かれた意識が攻撃対象とするのは、つねに現行の政治体制を正当化してきた良心である。ソフィストのトラシュマコスは、深刻な危機と混乱の時期における時代精神に言語表現を与えたのである。トラシュマコスは正義を求めたのであるが、その結果、彼の目前に見出されたのは正当化、すなわち、既存の権力を事後的に正当化するための努力、要するに、力の一つを権利に変えるための努力にほかならない。既成の権力が分泌するのは、規範ではなく規範化なのであり、法規や法律といった装置は、一般的な利益という形に偽装された個別的利益を隠し持っているのである。

以上から、ただちにわれわれは、『国家』第一巻でのトラシュマコス像に関して、正確にはどこでプラトンの歪曲、ないしはハリスンの表現を借りるならば「操作」が入り込んでいるのかを言い当てることができる。[1] トラシュマコスは現実の状況を告発しているのであり、その言葉の辛辣さから、彼がこの状況を喜んではいないことがわかるのであるが、プラトンのほうはあたかも、トラシュマコスがこの現実を権利に仕立てあげ、かつ強者の権利の擁護者をもって自任して僭主政の弁明をなすにまでいたる（三四四A）のだ、と信じる振りをしている。[2] ところが、権力を正当化しているようなトラシュマコスの断片などわれわれにはいっさい伝わってはいない。逆に、われわれの有する断片のなかには、トラシュマコスがマケドニアの僭主であるアルケラオスを最大限の軽蔑をもって取り扱っているものがある。

「われわれギリシア人が、夷狄のアルケラオスに奴隷として仕えるというのか?」(断片B二)。プラトンは、結局のところ、トラシュマコスをこうした正当化を行なう者としているのであるが、事実は逆で、トラシュマコスは、まさしくこうした正当化を必死で告発していたのである。トラシュマコスは政治に絶望している。まさしくそのことのゆえに、プラトンはトラシュマコスに反対するのであろう。なぜなら、プラトンの著作全体が、アテナイの危機は政治的に解決できるという信念の表明であるからであり、『国家』は、まさしくこうした政治的解決の法文化なのである。プラトンにすれば、正義とは、事実の次元で不正に打ち勝って、みずからが不正よりも強力であることを示しうるものなのである(三五一A)。正義は世界の人びとにとって必要不可欠なものであり、正義が実践的行為の場面で有効に作用していることは、不正な人間でさえこれを認めねばならない。これをソクラテスは、次のような有名な議論で証明している。「国家や、軍隊や、強盗集団や泥棒集団や、あるいはその他、何らかの悪事のために互いに結びついた悪人の群れが相互に正義の規則を犯し合うとしたら、些細なことであれ、うまくやり遂げることができると思うかね?」(三五一C)。したがって、ノモス〔法〕に絶望してはならない。ノモスは、理性によって作られさえすれば、善きものになりうるのである。プラトンは、倫理と政治を同一視している。つまりプラトンは、政治の倫理化を、また、倫理の政治化を望んでいる。これとは逆に、かくまで倫理を政治と相反するものと見て、両者を分裂したままの状態で堅持したのは、おそらくトラシュマコスが最初である。トラシュマコスに見られる内的分裂も、近代性も、元をただせば、ここに起因する。トラシュマコスはアンティフォンやヒッピアスと同様、自然のなかに古代ギリシアに無数あった小都市国家の、それぞれ固有な偏向を伴う法を乗り越えることができる普遍的な規範を見出したのであろうか? われわれに伝わるトラシュマコスの断片のなかで、そうした趣旨を示すものはない。(2) トラシュマコスは、倫理が都市国家を離れた後も生き延びることができるような場所を発見したのであろうか?

実際、政治の場が完全に不道徳に冒されてしまった場合、正義は個人の良心という隠れ家に引きこもるのである。この良心は、倫理的内面性と定義され、嘲笑の的となっている価値の避難所となりうるはずである。一般に、ソフィストたちが個人とその権利の発見者である以上、彼らはトラシュマコスとともに、個人を倫理的内面性と定義するまでに至ったのであろうか？　おそらくそうではない。というのも、仮に政治的な法の批判というトラシュマコス思想の否定的な面に肯定的な面が接続していたとすれば、トラシュマコス思想をプラトンのように解釈することは不可能であったはずだからである。トラシュマコスはおそらく、倫理と政治の分裂という局面にとどまったのである。内面性という考え方はいまだ熟しておらず、彼の悲観論、絶望は、ここに由来するものなのであった。

（1）「プラトンによるトラシュマコスの操作」『フェニックス』（一九六二）二七―二九頁。
（2）「ソクラテスよ、不正は充分な程度にまで推し進められるならば正義よりも強力であり、自由な人間により相応しく、かつ正義よりも王者にふさわしいものなのだ、という結論を認めたまえ」（三四四C）。また、三四八Eおよび第八巻五四五A-Bをも参照。
（3）キケロは、トラシュマコスには『自然について』という著作があったと言うが（断片A九）、その内容についてはいかなる情報も与えていない。

第六章　ヒッピアス

I　生涯と著作

ヒッピアスは、オリュンピアに近い都市エリスに生まれた。ヒッピアスの生年は知られていない。ウンターシュタイナーは、これを紀元前四四三年と定めている。この見解の根拠は以下のとおりである。まず、テオフラストレス『性格論』〔森進一訳『人さまざま』(岩波文庫)〕のうち、ウンターシュタイナーは、「序文」をヒッピアスの筆になるものと判断するのであるが、「序文」の著者は、そこで自分は九十九歳であると言明しているという事実がある。(1) ところで、ヒッピアスの没年を紀元前三四三年と見なす充分な理由がわれわれにはある。(2) この点に関して、われわれは、ウンターシュタイナーの見解に素直に従うわけにはいかない。というのも、確かに問題の「序文」は、はるか後のビザンティン時代ではなく、ソフィストの時代のものと思われるにしても、この序文の著者がヒッピアスであるというのは、かなり薄弱な証拠に基づく主張であるからである。またとりわけ、ヒッピアスが百歳まで生きたと主張するのは困難であると思われる。その理由は、以下のとおりである。テルトゥリアヌスによれば、ヒッピアスは、祖国エリスに対して陰謀を企てていたときに殺されたとされる。(3) しかし、文脈上、ここでテルトゥリアヌスが叙述しているのは哲学者に関してのみである以上、これはありえないことである、とウンターシュタイナーは指摘する（『証言と断片』第三巻、七四頁）。われわれの考えでは、この陰謀というのが指すのは、おそらく紀元前三四三年の戦争で、これはエリスの追放下に起こしたものである。ヒッピアスがいかに頑健であったにせよ、百歳にして政治的陰謀を企て、かつ武装蜂起に参加したというのは、理解しがたい。したがって、ヒッピアスの生年は、ウンターシュタイナーの主張よりはやや後であると思われる。[4] 以上の議論からわれわれに知られるのは、ヒッピアスが積極的に政治参加を行なって民主派に肩入れしていたという事実があり、ここからさらにまた後述するように、ノモス〔法〕とフュシス〔自然〕の関係をヒッピアスがどう見ていたかも明らかになるのである。ヒッピアスは、たとえばゴルギアスのように弁論術という高尚な技術だけで満足することができたはずであるにもかかわらず、さまざまな手仕事の手ほどきを受けたことを厭わなかったというのも、右のような事情による。実際、プラトンは、ヒッピアスが自分用に誰はばかることなく制作した手製品の長いリストを挙げている。まず第一に、ヒッピアスが自分の指にはめている指輪、さらには靴、上着、短い下着。[5] 職工や靴職人として卓越した仕事をすることこそが、さまざまな民衆の職業に対して敬意を表することになるというわけであるが、こうした敬意なるものは、プラトンからみればいささか見当違いなものであり、自慢話の類いでしかありえなかったのである。

（1）ウンターシュタイナーによる断片B一九a第二節、『証言と断片』第三巻、九四頁。
（2）断片A一五参照。この点に関しては後述。
（3）断片A一五。ディールスは、このヒッピアスというのはソフィストのヒッピアスのことではなく、ペイシストラスの息子であるヒッピアスのことであると主張する。しかし、文脈上ここでテルトゥリアスが述べているのは哲学者だけである以上、それはありえないと、ウンターシュタイナーは指摘している（『証言と断片』第三巻、七四頁）。
（4）他方、イソクラテスがヒッピアスの末の息子を養子としたことが知られている（断片A三）。仮にヒッピアスの寿命が百年もあったとすれば、その子は養子を必要とはしなかったであろうと考えるのが当然であろう。
（5）断片A一二参照。これはおそらく、断片A一でソフィストに帰されている。自足的な理想の例示であろう。

ヒッピアスの活動には、政治家と教師という二面があった。ヒッピアスには演説の才能も手腕もあったから、彼は祖国の使節に選ばれている。こうして、ヒッピアスは諸国を巡る身となり、数次にわたって、使節団の一員としてスパルタへ派遣された。また、彼はアテナイ〔断片A六〕およびシケリア〔A七〕にも赴いている。資料断片によって具体的に示すことができるのは以上の地に限られるものの、ヒッピアスは、ギリシアやその植民地を踏破しただけではなく、いわゆる夷狄の民族をも訪れたにちがいなく、それら民族のいくつかについては、その言語を習得することさえしていたように思われる〔断片B六〕。これはきわめて例外的なことであった。というのも、この時代のギリシアにあって異民族の言葉というのは、本来の意味における言語なのでなく、局所的な方言か、理解不明の言葉であると考えられていたからである。「夷狄の人」という語自体、語源においてその意味するところは、「話すことができない人」というものであった。アリストテレスとその学派は、この点に関してはヒッピアスの広い見識を継承し、『夷狄の風俗習慣（*Nomima Barbarika*）』の集成を行なっている。

最後に、ヒッピアスの生涯について言うと、彼はプラネタという名の女性と結婚し、三人の息子をもうけたことが知られている〔断片A三参照〕。

ヒッピアスは多数の作品を著わしたが〔断片A一〕、そのうち、現在まで残っているのはきわめてわずかなものにすぎない。彼の著作は三つの項目に分類することができる。第一は荘重演説、第二は学術的著作、第三は詩作品である。数あるエピシデイクス〔荘重伝説〕のうちでわれわれにその存在が知られているのは『トロイアの対話』で、これはネストル〔トロイア戦争におけるギリシア方の老戦士で、その饒舌により知られる〕と、アキレウス〔トロイア戦争におけるギリシア方の英雄で、戦争末期にトロイア方のパリスに殺される〕の息子であるネオプトレモスという二人の人物が登場するものであった。学術的著作としては、『諸民族の名前』についての調査があり〔断片B二〕、これは、民族学に関する最初の著作の一つといえるかもしれない。また、『オリュンピア競技における勝利者一覧』は歴史に関する著作で、年代確定のためには重要な意義をもつものであり、[1] さらに『集成』は歴史的事実（断片B四）や宗教上哲学上の学説（断片B六、B七）を集めたものである。[2] その本質的に折衷的な性格にもかかわらず、この著作は一種新たな総合に到達していた（断片B七）。最後の項目として、ヒッピアスはさまざまな『哀歌』を書いた。たとえば、海で死んだメッセネ〔紀元前三六九年に創設された、メッセニア地方（ペロポネソス半島南西部）の首都〕の子供たちのためにヒッピアスが作った哀歌がそれである（断片B一）。プラトンによれば、ヒッピアスはまた、叙事詩や悲劇やディテュランボス〔酒神讃歌〕も書いたらしい（断片A一二＝プラトン『ヒッピアス（小）』三六八BD）。

（1）断片B三。ここで、後のアリストテレスが甥のカリステネスの援助を得てデルフォイ競技の勝利者に関して同様な一覧表を作成する労を取っていることを想起したい。
（2）ただし、これらの証言の指すのが『収集』であるという条件の下での話である〔ディールス＝クランツの断片集では、これらは帰属先不明の断片に分類されている〕。

ディールス＝クランツの断片集に収録されている諸断片に加えて、マリオ・ウンターシュタイナーは、幾つかのテクストを新たにヒッピアスのものと認めて、これを自身による断片集に収録している。まず第一に『イアンブリコス中の作者不明の著作』[1]があり、これはすでにソフィストのテクストの集成の一部をなしていたものであるが、ウンターシュタイナーはそれを名前を明示してヒッピアスのものとしている。次のものは、トゥキュディデスの『歴史』に含まれる一節（第三巻第八四節）ではあるものの、おそらくはトゥキュディデスの手に成るものではなく、本質的に『イアンブリコス中の作者不明の著作』と同じ傾向のものである〔このテクストはディールス＝クランツの断片集にはない〕。これはコルキュラにおける事件についての考察で、おそらく「諸民族の名前」と題する大著の一部を成していたのであろう。最後に、ヒッピアスの思想を解明するには、『両論（*Dissoi Logoi*）』に当たらねばならない〕。これはおそらくシケリア人の著者によるものであるが、こんにち諸解釈者が一致して認めるところでは、ここには、ヒッピアスの絶大な影響が見られるとされる。テオフラストスの『性格論（人さまざま）』の序文に関して言うと、ウンターシュタイナーは、これをヒッピアスの筆に成るものと信じているが、われわれは、この点に関して判断を留保することはすでに断っておいた。

（1）新プラトン主義者であるイアンブリコスの著『プロトレプティコス（哲学への勧め）』は、彼以前の学者たちのテクストの寄せ集めである。こうした事情からして、アリストテレスの著『プロトレプティコス（哲学への勧め）』の大部分を、イアンブリコスの『プロトレプティコス』から取り出したさまざまな文から再構成することが可能となったし、またさらに、イアンブリコスのこの著作には、作者不明ながらソフィスト的な色彩を持つ部分のあることが発見されている。「イアンブリコス中の作者不明の」という表現は、以上の情況に由来するものである。

これらの著作がヒッピアスの活動全体を表わすとは、とうてい言いがたい。なぜなら、このなかには、数学に関するヒッピアスの高度な思索や美学上の試論を含みうるような著作が見当らないからである。こうしたテーマに関してフィロストラトスは、かなり曖昧に、ヒッピアスには『諸議論』という著作があったということを言うのであるが（断片A二〔第一節〕）、このような題名は、他の証言もしくは断片のなかには一度も現われてはいないのである。

Ⅱ　自然と全体性

古代の生理学者とソフィストは、しばしば対照的な存在と見なされ、生理学者が自然の研究に専念したのに対して、ソフィストは人間研究の端緒を開いたとされる。しかし実際は、ソフィストは生理学者に依拠する頻度が大であり、たとえばプロタゴラスはヘラクレイトスに依拠している。そして、ソフィストのうちには、たとえばアンティフォンやヒッピアスのように、伝統および復古主義を代表するノモス〔法〕に対して、自然のほうを称揚する者もいたのである。[1]

（1）イェーガー『パイデイア』第一巻を見よ。「いまや自然は、神的である物すべての総和となりつつあった」。

ヒッピアスが自然をどのように考えていたかを理解することはできるであろうか？　ヒッピアスの自然観の基礎を成していたのは、全体性という観念であると思われる。自然とは、「全体の自然本性」なのである（『両論』第八章第一節）。しかしながら、この自然の全体性というのは、エレア派の言う全体性のような、一枚岩なものではない。ヒッピアスは、宇宙というのは、個別化され、かつそれぞれ固有の性質をもった多数の存在から構成されていると考え、これら多数の存在を、タ・プラーグマタ、すなわち諸事物と呼んだ（同第五章第一五節）。これら諸事物は、人間がこれを認識しようがしまいが、また、これを言語表現しようがしまいが、認識や言語表現とは独立に存在するとされ、この点で、ヒッピアスはゴルギアスと対立している。真なる認識は可能なのであり、それは語を事物の上に転写するということにほかならない。このテーマは『両論』のなかで繰り返し論じられていて、そこでは、「名前（onoma）に関して異なるものは、事物（prāgma）に関しても異なっている」という主張がなされている（第一章第一一節。同じ定式は第三章第一三節および第四章第六節にも見られる）。

自然を一つの全体性と考え、同時にその全体性が相互に区別された諸事物から構成されていると見なすためには、これら諸事物を結合する連続性に特別な注意を払わねばならない。ここからして、ヒッピアスは、何よりもまずソクラテスの問答法に反対するのである。というのも、その問答法は、もっぱら分析的なものであるがゆえに、破壊的なものになるからである。ヒッピアスはまず、ソクラテスに対して、ソクラテスの諸見解が専門化した狭小なものだという非難を行なう。「君は諸事物をその全体性において吟味していない」（断片C二、ウンターシュタイナー『証言と断片』第三巻、『ヒッピアス（大）』三〇一B）。

こうした事物の断片的な見方は、ソクラテスの言説がバラバラに分解したものになっているところにも表われている。ヒッピアスは、ソクラテスの議論に関して、これは「粉々になった言論の滓とか裁ちくずとかいったものだ」と言う（断片C三、『ヒッピアス（大）』三〇四A）。これに対して、ヒッピアスが理想とする認識とは、全宇宙の連鎖に注意を向けるものであり、そうした認識こそ、宇宙規模の連続性が各事物を一つの物体とし、かつ、諸物体すべてを一つの自然本性としているところを把握することができるのである。ところが、ソクラテスおよびその周囲の人びとが用いる問答法が行なっているのは分けるということであり、これはすなわち、分断・分割する方法なのである。「こういうわけで、あなたは存在を構成する非常に広大で連続的な自然的事物の総体を見過ごしているのだ」（断片C二〔『ヒッピアス（大）』三〇一B〕はこの一節についての非常にすぐれた注釈である。もう少し先の箇所でソクラテスは、「ヒッピアスの精通している、存在の本質的な連続性」に言及して、ヒッピアスの批判する点が了解できたことを示している）。このようにヒッピアスには、骨の結合のように諸存在が連続していると感じられるがゆえに、ヒッピアスはタレスに関心を向けることになる。というのも、タレスによれば、魂を有する存在、すなわち生きている存在に対して無生物という存在があるかのように語るのは誤りなのである。つまり、いわゆる非活動的な事物にも宇宙的な生命が行き渡っているのであり、これを換言すれば、こういった対象も一つの魂、すなわち運動の内在的原理を有していて、それによって他の諸存在と結びつきを持つことになるわけである。「アリストテレスとヒッピアスによれば、タレスは無生命の諸存在にも魂があるとし、その証拠として、磁石と琥珀を挙げていた」（ヒッピアス断片B八）。すべての物が例外なく生きているがゆえに、世界を構成する諸要素は、相互に引き合うことになる。この引力こそ、フュシス〔自然本性〕をフュシスたらしめるものなのであるが、これは人間学的な次元では友情（フィリアー）として現われ、人間同士を、単に人間が人間であるという事実によって結びつけることになろう。

数学の場面でヒッピアスが円の正方形化を探求したこと、換言すれば、円積曲線を発見したことの理由もまた、自然が連動的であるという主張であるように思われる。(1)

(1) この円積曲線(quadratrice)というのは力学的曲線であって、次のようにして得られるものである。動半径AEが一様な速さでABからADへ動くとし、また直線B'Cは同じ速さでBCからADへ移動するものとする、このとき、AEとBCの交点Fの描く軌跡が円積曲線である。この曲線は、半径ADと点Gで交わる。

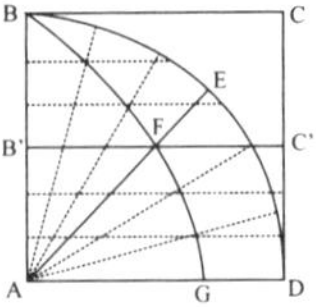

円積曲線を用いれば円の正方形化ができるということの証明は、アレクサンドリアのパッポス〔紀元後三二〇年が盛期の著名な数学者〕によって『数学集成』第四巻第三〇節で与えられている。しかし、パッポスはこの証明をヒッピアスによるものとは言っていない。そうした事情はどうであれ、以下が円積法の基本原理である。右に述べた作図から、仮定により次のような比例関係が得られる。

$$\frac{\overset{\frown}{BED}}{BA} = \frac{BA}{AG}$$

弧BEDは直線BAおよびAGに対する第三の比較項であるから、これを直線に帰着させることができる。横の長さが弧BEDに等しく、縦の長さが図の円の直径に当たるような長方形の面積は、半径ADの円の面積に等しい。なぜなら、

$\frac{2\Pi R}{4} \times 2R = \Pi R^2$ （$\frac{2\Pi R}{4}$は直線化されたBEDの長さに相当し、2Rというのは図の円の直径である）

この証明における微妙な点は、明らかに、AGの長さをいかに決定するかというところにある。パッポスはこれを、AGはこれより大きくも小さくもありえないのだ、ということを示す帰謬法により決定している。

この証明がその性格上決定的なものでないのは、円積曲線が力学的曲線であるという事実に由来する。

宇宙のなかに空虚が存在しない以上、実在は連続的であるということになろう。こうした理由から、球形をした宇宙の内側に直線の辺から成る諸立体を内接させ、後者が球を完全に満たすようにすることができるはずである。このことは、立方体から球体への移行が可能だということを意味し、そしてこの問題といえば、平面幾何学においては円積問題に帰着する。それゆえに、アリストテレスは、円の正方形の試みが仮象的な性格のものであることを認識したうえで、（『自然学』第一巻〔第二章一八五a一六—一七〕におけるアンティフォン批判が示すように）、相互に明確に区別され不可分であるような元素が現実態において存在するのを拒否することになった。そこで、『天体論』において、アリストテレスはその拒否の理由を次のように述べている。「単純物体の各々に一つの形態を割り当てようとする試みは不合理である。なぜなら、そのようにしては、場所全体を埋めるには至らないからである」（三〇六b三—五）。

巨大な宇宙全体が共鳴を起こして振動しているという直観的理解に基づいて、ヒッピアスはまた、どんな形態にせよ、分離をこととするやり方を拒否し、とりわけプラトンの描くソクラテスが美の本性についての議論で表明しているような、具体的な存在と本質との分断を拒否する。忘れがたいのは、「美とは何か？」という問い（『ヒッピアス（大）』二八七D三）に対して、ヒッピアスは「それは美しい乙女である」〔二八七E四〕と答え、ソクラテスが「ではなぜ美しい鍋ではないのか？」と反問してヒッピアスの答えを嘲笑していることである。プラトン的ソクラテスの精神においては、美しさとはさまざまな美しい事物とは別に、それ自体で把握されるべきものなのである。ヒッピアスにとっては、美はさまざまな事物に内在する実在なのであって、抽象的な実在なのではない。したがって、デュプレールが言うように、美は「それ自体において、かつそれ自体によって定義すべきなのではなく、美しいと呼ばれるさまざまな手応えのある項目と密接な連関を保ちつつ定義すべきなのである」（前掲書、二〇二頁、また、この分析の続きについては二〇三頁を見よ）。思うに、ヒッピアスの実践した有名な記憶術も、こうした展望のなかに位置づけられるべきなのである。実際、記憶術は隠喩化によって行なわれ、すなわち抽象観念と、それに対応する語の語源、もしくはその観念の具体的事例とを類似関係で結ぶことによって行なわれる。固有名の場合ならば、こうした類似関係は言葉遊びを利用すれば得られる。「クリュシッポス」という人名を覚えたければ「クリューソス（黄金の）・ヒッポス（馬）」のことを考えればよいし、また「ピュリランペス」という人名を覚えたければ「ピュール（火）・ランペイン（輝く）」のことを考えればよい。（『両論』第九章第四節─第五節）。

最後に、諸存在が連続的であるという直観的理解は、ヒッピアスにあっては、エンペドクレスの類似性（ホモイオーシス）という大原則の採用という形で現われている。この原則が援用される箇所は人間学的な文脈に属するものであるが、しかし、エンペドクレスの場合と同様、ヒッピアスにあっても、この原則はおそらく宇宙論をも守備範囲に含めるものである。「実際、似た物は本性上、似た物と同族的である」[1]と、プラトンはヒッピアスに語らせているが、ここでヒッピアスが用いているシュンゲネス〔同族的〕という語は、エンペドクレスの「シュンゲネイア・トゥー・プラーグマトス（事物との同族性）」を踏襲したものといえる。[2]こうした類似性が諸存在を結びつけ、宇宙を縫合しているのであるが、ホモイオーシス〔類似性〕はまた認識の原理でもあることを知らねばならない。認識は感覚的なものであると同時に知的なものでもあるが、これは一種の遭遇なのである。そして、人が知るということができるのは、宇宙が連続的であるからにほかならない。したがって、真に知るということは、言うなら宇宙の似姿、宇宙の類似物といったものとして、一つの全体をなすことになろう。百科全書式博学主義とは、知者にとっては、一つの義務なのであってけっして気取りなどといったものではない。知者の言説は、精神のためにいわば横糸を織り成すのであるが、それは宇宙を成す横糸なのである。したがって、この言説がなすのは全体化ということであるが、この全体化ということが意味するのは、同一者に還元された実在を無気力に反復することではなく、実在の複雑さを開示し、かつ無限の多様性を余さず統合して、実在がつねに新たなものとして現われるようにすることができる、ということなのである。ヒッピアス自身、ある演説の始まりにおいて、自分の方法の概観を述べているのであるが、そこで彼は次のように明言している。

「これらの問題のうち、おそらくあるものはオルフェウスにより、あるものはムサイオスにより手がけられていて、ひとことで言えば、ある人によってはある仕方で、また別の人によっては別の仕方で手がけられている。ある問題はヘシオドスによって、別の問題はホメロスによって、また別の問題は異なった時代の詩人たちによって手がけられ、さらに別の問題は、それがギリシア人であるにせよ異邦人であるにせよ、歴史家の著作のなかで手がけられている。私自身はといえば、これらすべての要素のうち最も重要かつ同質的なものを総合することで、新たに多面的な言説を作り上げるであろう」（断片B六）。

（1）断片C一、ウンターシュタイナー版四―五行。
（2）ディールス＝クランツ断片三一B一〇九。

反復するのではない想起、差異を生み出す全体化、つまりはやり直しつつ新たにし、外へ繰り延べつつ内へ巻き込むこと。ヒッピアスの考える知はこうしたものとして、バロックの色合いを帯びているように見える、ヒッピアスは、その百科全書式博学主義により、また連続性の原理により、また複雑さへの感受性により、さらにはまた多様性を一つの物に映し出す技術により、これらすべての点でライプニッツの先駆を成しているとも言える。他方、学術の愛好家であり、多方面の専門に通じているという点から、ヒッピアスは、学際性を求める現代の学問にとっては、理想的な知識人と言えるであろう。

したがって、ヒッピアスにとって、認識は十全に実在の構造を自らのうちに写し取るものなのである。それゆえ、ヒッピアスは、プロタゴラスやとりわけゴルギアスに対する明瞭な対抗意識をもって、存在論上における実在論、および認識論上における楽観論を復活させたのであるが、これは、しばしば誤ってソフィストの思想にはないとされているものなのである。知者は「諸事物の自然本性を知る」（断片C二）ことができ、したがって、「諸事物の真理を認識することができる」（両論第一節）。なぜなら、知者は「全体の自然本性」（同上、同じ表現は第二節にもあり）を把握することができるからである。ヒッピアスによって再び合理性というものが基礎づけられたわけである。デュプレールによれば、ここから、ヒッピアスは「アリストテレス主義の先駆者」として立ち現われることになるのである（前掲書、二一三頁。同趣旨の主張としてはまた、二一一頁も参照）。

Ⅲ　自然と法

ヒッピアスの人間学は、その自然理論をそのまま延長したものである。ヒッピアスは自然（フュシス）

と法（ノモス）の間にきっちりとした対立を確立したが、その際、自然の法が優先され、実定法のほうはその意義が厳しく問い直されることになった。ノモスは真の正義を君臨させるという点では無力である、と確証することでヒッピアスが意図したのは、何よりもまず、紀元前五世紀末および四世紀初頭にギリシア社会を揺さぶった激しい危機を、概念の次元で表現するということであった。エドモン・レヴィは、アテナイのこうした「イデオロギー上の危機」を詳細に分析しているが[1]、この危機は紀元前四〇四年の［ペロポネソス戦争における］敗戦と密接に連関したものであった。この戦争は、神々は正しい人びとを守ったりはしないということを思い知らせた。というのも、正しい人びとは、そうでない人びとと同程度の、否、しばしばそれ以上の被害を受けたからである[2]。そうしたところから、神の摂理という観念に対してさまざまな疑念が生じ、これを、エウリピデスの悲劇の主人公のある者たちは、あからさまに表明している。神の摂理への信仰が凋落するに伴って、伝統的な諸価値への信仰も凋落したのであるが、その筆頭は正義であった。こうした諸価値は「美名（onomata kala）に成り下がってしまった」とE・レヴィは言っている[3]。他方、民主派と寡頭派の間には政治的な不和があり、両派はポリス内で内紛を起こし、相次いで権力の座に昇ったが、こうした一連の出来事の間に曝されたのは、両派の推進する法というものが、結局は、それぞれの党派的利益を偽装して表現したものにほかならないということであった。法は、もはや神聖なものではなくなったのである。法は正義の中立性を喪失したのである[4]。法は正義の偽装になったのであり、そうとなれば、法への服従で正義を定義するのはもはや不可能であろう。最後に、ヒッピアスが民俗学の創始者の一人であったことを想起したい。国家使節および教師として諸国を巡るうちに、ヒッピアスは多くの実定的法制度に触れ、そこには不一致もあれば矛盾もあることを体験的に知ることができた。さまざまな文化が「正しい」とか「善い」とか名づける事柄について、ヒッピアスほど、その相対性への感受性を養うことのできた者はいない。

(1)『四〇四年の敗北を目前にしたアテナイ——一つのイデオロギーの危機の歴史』(パリ、デ・ボッカール、一九七六)
(2) 前掲書、八三頁、および八五—八七頁。
(3)「美しい言葉 (Belles paroles)」。この紋切り型の表現はトゥキュディデス第五巻第八九節に拠るものである(前掲書、九六頁)。ただし、E・レヴィがここで引き合いに出しているのはヒッピアスではなくアンティフォンである。
(4) 再び、レヴィ前掲書、九五頁を見よ。そこでは、一老寡頭主義者による(伝クセノフォン)『アテナイ人の国制』が参照されている」。

こういうわけで、ヒッピアスはノモス〔法〕を王座からひきずり下ろし、法を「人間にとっての僭主」と呼んだのである(断片C一、『プロタゴラス』三三七C五)。ヒッピアスは、ここで「僭主」という語を意図的に「バシレウス〔王〕」という語と区別して使っている(断片B九)。そうすることで、ヒッピアスはピンダロスに対抗しているのであり、ピンダロスがノモス・バシレウス〔王者としての法〕を正義の表現として称揚するのに対して、ヒッピアスにとって、それは自然に反する暴力の表現でしかなかった(シュレーダー版断片一六九)。実際、法が僭主であるとすれば、法は誰を支配する僭主であるのか? ヒッピアスは、それは自然である、と答える。(1) この自然という概念は多義的であるがゆえに、ヒッピアスの場合、この概念が正確にはどんな内容のものなのかという点には細心の注意を払わねばならない。「自然」ということによって、プラトンの対話篇『ゴルギアス』で「自然に即した正義」を語るカリクレスは、暴力や純粋な力関係がこの世を支配しているということを言おうとするのであるが、ヒッピアスの場合はそうではない。ヒッピアスにあって「自然」についての事情はまったく逆で、自然は普遍的な道徳的規範の役割を果たすのであり、この規範はノモス〔法〕の個別事例主義を乗り越えるものなのである。プラトンの『プロタゴラス』には、ヒッピアスがプロタゴラスとソクラテスの間の仲裁人を買って出ているところが見られる。仲裁にあたって、ヒッピアスはまず友愛を引き合いに出し、これこそがそこに集まった人びとすべてを結びつけるものであるというのが彼の見解である。「私自身の思うところでは、あなた方はみな生まれを同じくし、親類で同胞市民なのであるが、これは自然によってそうなのであり、法によってそうだというのではない。」（同断片）。したがって、人間には自分の同類に対して自ずから生じる好意というものが備わっているのであり、後にアリストテレスが『ニコマコス倫理学』〔一一五五ａ二一―二二〕において、旅をしたことがある者なら誰でも、いかに人間が人間に対して好意的であるかを知っている、と述べた際に念頭に置いていたのは、おそらくヒッピアスのことであろう。これは、後にルソーが再発見することになる一種の逆説であるが、ヒッピアスによると、自然は、まさしく社会がこれを破壊するような社会性を生み出すのである。実際、自然は相互の友情を奨励するのに対して、閉じた社会的小集団は、周囲からの中傷という害を受ける。ここでもやはり、法は中傷者を盗人のようには処罰しないという点において、その欠陥を露呈するのである。実際、中傷者たちは「最もすぐれた善の一つである友情を盗むのである」（断片Ｂ一七）。ヒッピアスにとって、自然は、決して残虐行為を教える学校なのではなく、「あらゆる友好関係の原理」[2]なのである、とＪ＝Ｃ・フレスは言う。同じ精神に基づいて、ヒッピアスは嫉妬をも非難している。ただし、ヒッピアスは、嫉妬の二つの形態のうち、一方は正しいものと認める（断片Ｂ一六）。この留保は、政治的なものと解釈すれば理解できるものである。すなわち、民主主義の精神というのは、市民の厳密な平等を目指すものであるがゆえに、一人の個人がそれ以外の人びとに対して過度に優越することを許さないのである。したがって、民主主義は、類似性の原理に合致しているがゆえに、自然を基礎に持っていることになるわけである。感受性は、ヒッピアスの行なう分析のなかでは重要な役割を果している。すなわち、感受性は人間の自然本性の現われなのであり、この自然本性こそが、善き社会を基礎づけるものなのである。オギュスト・ビルは、この意味で、アンティフォンとヒッピアスは正反対であると見ている。アンティフォンにとって、人間の共同体の基礎とは、人間の諸欲求が同一であるという点にある。ヒッピアスにあっては、それは人間同士の感情的関係のなかに見出されるべきである。[3]

(1)「しばしば法は自然に暴力を加える」(断片C一〔プラトン『プロタゴラス』三三七D二-三〕)。

(2)『フィリアー――古代哲学における友愛の概念』(パリ、ヴラン社、一九七四)九八頁。さらにその八八頁でフレスが示すのは、ヒッピアスとアンティフォンにあっては、フィリアー〔友愛〕という概念は「合理主義によって、人間すべての間にある類縁関係の基礎を見出そうとする際に」利用されている、ということである。

(3)『古代哲学における道徳と法』(パリ、一九二八)六一頁以下、これはウンターシュタイナー『集成』第二巻、一三一頁に引用されている。

しかしながら、自然の規範的な役割がいちばんよく表われているのは、正義の問題である。クセノフォンの『メモラビリア(ソクラテスの思い出)』のなかで、ソクラテスは、この問題についてヒッピアスと語り合っている。ここで注意すべきは、デュプレエルの言うように、ここでの議論の基礎となっているのは、それがたとえソクラテスが語っている場面であるにせよ、元をただせば、ヒッピアス説であるという点である。[1] ここでの議論の出発点は、実定法の定義である。ヒッピアスは、実定法とは「市民が、為すべきこと、および避けるべきことについて同意した後に布告した法」のことである(同書第一三節)。こういうわけで、実定法は、あらゆる方向に曲げられうる。実定法には、安定性と普遍性が欠けているのである。実定法の気まぐれな変化を目にしては、いったい誰が、法を「真面目な事柄である」と考えるであろうか?(第一四節)。そして、まさしくこういった反応こそ、破局をもたらすものなのである。実際、法に服従するということがなければ、都市のなかにも家庭のなかにも、協調〔心の一致〕(ホモノイア)はない(第一六節)。国家の事柄は、私的な事柄と同様に危機に陥る。[2] ところで、幸いなことに、実定法だけが法というものの現われなのではない。法の現われとしては、ほかに、ギリシア人が「書かれざる法(agraphoi nomoi)」(第一九節)と呼んでいたものがあり、これは、アンティゴネがクレオンに対抗して引き合いに出す法〔ソフォクレス『アンティゴネ』〕であり、こんにちのわれわれであれば、自然法と名づけるだろうものである。クセノフォンが描く上述の対話にあっては、「書かれざる法」を持ち出すのはソクラテスであるが、ヒッピアスはこの法をとてもうまく定義していて、そのソクラテスへの同意には熱がこもっている。したがって、ここでソクラテスのほうから持ち出している事柄こそは、ヒッピアスが正義について言わねばならなかった〔第七節〕「新たな」〔第六節〕ことなのである。[3] 書かれざる法は、あらゆる国で妥当する。書かれざる法が個別事例主義や相対性を脱却している理由は、書かれざる法の起源が人間ではないという点にある。しかしながら、その起源はどこにあるのか？ それは神々であると、クセノフォン『メモラビリア（ソクラテスの思い出）』のなかでソクラテスは言う。しかし、ヒッピアスであれば、むしろ次のように答えていたはずだと信ずるのが当然であろう。すなわち、書かれざる法の起源は自然である、と。実際、書かれざる法とは何であるかということを例示するために挙げられる例を見ると、近親相姦の禁止（第二〇節）の理由は、近親相姦から生じる子孫の退化であり〔第二二―二三節〕、忘恩の否認の理由は、忘恩の人は真の友人を持つことができず、また、恩人からは恨まれることになるから、というものである（第二四節）。これらの例すべてに伏在している動機とは、自然による認可ということである。したがって、ここで語られているのは内在的な正義のことであり、これは、規範とその現実における実効性とを調停するものである。なぜなら、「法それ自身が、法を侵犯する者に対する懲罰を含んでいる」からである（第二四節）。この点においてこそ、書かれざる法は、人間の立法になる法律に対して優越するのである。すなわち、人は罰されることなく、書かれざる法に違反することはできない。したがって、書かれざる法は、あらゆる時と所において、例外なく遵守さるべきものと見なされるのである。

（1）前掲書、二一八頁。クセノフォンからの引用箇所は、『メモラビリア（ソクラテスの思い出）』第四巻第四章第五節以下。ディールス＝クランツの断片集では、断片一四は第七節の終わりで中断されている。ところが、ヒッピアスの理論についての最も興味深い情報が含まれているのは第八節から第二五節なのである。この箇所は『証言と断片』第三巻、六〇〜七五頁では復元されていて、われわれもこのウンターシュタイナーの断片集を参照している。
（2）ヒッピアスには馴染みのこの区別は、プラトンの『ヒッピアス（大）』二八一Dにも見られる。
（3）この点に関しては、デュプレールの前掲書前掲箇所のほかに、ウンターシュタイナー『証言と断片』第三巻、六九頁注に引かれているアドルフォ・レヴィの論文（エリスのヒッピアス、あるいはソフィスト的思考の自然主義的傾向」『ソフィア』）を参照。

したがって、正義というものは、自然法の働きの結果なのである。この場合、正義という概念は、後にアリストテレスが、みずからのピュシコン・ディカイオン〔自然的正義〕に与えた意味において理解されるべきなのであり、後世のホッブズやスピノザの意味において理解されるべきではない。ヒッピアスは、自然と倫理を調停した。ヒッピアスが政治的なノモス〔法〕を退ける際には、より偉大でより広範に妥当する法を援用するのであるが、これはまた、より厳格な法であるともいえる。ヒッピアスの場合、自然——これについては後述する——を引き合いに出したからといって、それは法律違反を容認したり、法律違反をいわば保証したりするということにはならなかった。ウンターシュタイナーがヒッピアスの作とする『イアンブリコス中の作者不明の著作』においては、法律遵守への要求が念入りに述べられている。この文書の著者が挙げている例の一つをとってみよう。自然の法は人びとの相互依存を定めているのであるが、この法は、法律遵守を経済的な連帯関係のための条件として要求する。[1]

したがって、正義とは法への服従なのであるが、その法とは、自然の書かれざる法のことなのである。このようにして、ノモス〔法〕は乗り越えられ、ノモスと同時に、ノモスを生み出す主体である都市国家の狭い枠も乗り越えられる。それゆえ、ヒッピアスは、アジアとヨーロッパをともに「オケアノスの娘たち」（断片B八）と呼び、そうすることで、これら二つの大陸が一つのものであることを協調したのであるが、これらは、当時の通例では、夷狄の民とギリシア人との断絶を示すために対置されていたものなのである。[2] この世界市民主義によって、ヒッピアスは、ウンターシュタイナーの言う、プラトンの「非人間的な国家主義」とは対立することになることを、すでに予想していたと言える(『集成』第二巻、一三二頁)。ヒッピアスは、ストア派が言う人類愛を予告しており、また、ある意味ではキリスト教の「公」を予告している。実際、ここで、シャトーブリアンの作品中において、ウドールが、道端で出会った奴隷を自分の上着で覆った際の、ウドールのシモドセへの返事のことが思い起される。シモドセはウドールに言う。「君はこの奴隷がいずれかの神であると思ったのかね?」ウドールは答える。「いいや、僕は彼が人間だと思ったのだ」(『殉教者たち』第一巻)。

(1)『イアンブリコス中の作者不明の著作』断片A七第二節。逆の場合に関しては第八節を見よ。

(2) この点で、ヒッピアスの立場はアンティステネスに近いと言えるかもしれない。実際、アンティステネスは「苦痛が善いものであることを証明するのに勇敢なヘラクレスとキュロス王〔紀元前五五九年~五二九年、ペルシア帝国の祖〕を例に取っているが、これは結局、同時にギリシア人および夷狄の民に証拠を求めているということである」(ディオゲネス・ラエルティオス第六巻第一章第二節による。

人間集団の成すべきことは、同化することであって排除することではない、という考えによって世界市民主義が提起された以上、ヒッピアスが政治的に民主主義体制に好意的であるのは当然であろう。しかしながら、ヒッピアスは、アテナイを典型とする民主主義の制度をそのまま受け入れるわけではない。彼は、みずから民主主義の改革者たらんと欲した。実際、ヒッピアスは、アテナイにおける行政職登用の制度〔抽選〕に反対し、その制度では、一時的にせよ、権力が無能な者の手に落ちる事態も起こりかねないと言うのである。こうした登用方法こそは、民主扇動家の目の付けどころとなる、愚かしきものである(『両論』第七章第一節)。というのも、それならなぜ、笛吹にはキタラを演奏させず、キタラ弾きには笛を吹かせないのか?(同第四節)。それにもかかわらず、この問題に関しては、ヒッピアスの立場はソクラテスのそれとはほど遠く、それというのも、ソクラテスは、公職の抽選と民主主義を同時に断罪してしまうからである。ヒッピアスなら、公職の抽選を退けた理由を、「私自身はこの抽選がまったく民主的なものではないと考える」からである、と言ったはずである（同第五節）。公職の抽選に賛成する者は、民主主義にとっては攻撃目標とすべき敵である。「実際、都市国家のなかには、民衆の敵である人びとが存在する」。もし盲目的な籤《くじ》がこういった人びとを公職に指名することがあれば、「その人びとは民衆の政府を破壊するであろう」（同）。したがって、ヒッピアスの主知主義は、啓蒙化された民主主義を擁護するものであり、それゆえに、ソクラテスおよびプラトンに対して、民衆からなる政府を攻撃する彼らの議論のなかでも最も有力なものを取り除こうとする。あらゆる技術に通じた普遍人として（断片A二『ヒッピアス（小）』三六八B二―D七）、ヒッピアスは、個別的な職業に携わることは、必ずしも包括的な知識・学識、すなわち博識の妨げになるわけではないことを、身をもって証明した。そうすることで、ヒッピアスはプラトンの論法をあらかじめ封じ込めているのである。プラトンによれば、職人たちはみずからの技術の専門分野に釘づけになっているがために、政治という、はるかに広大な領域における認識力を欠き、都市国家の事柄に関して有効な判断を下すことができないとされたのであった。

結論としては、ヒッピアスはいかなる意味においても、しばしばそう信じられているような、浅薄な何でも屋ではない。広い視野と体系性を備えた精神の持ち主として、ヒッピアスは、一つの学説を打ち建てたのであるが、残念なことに、現在残っている断片はわずかであり、われわれはそれをとおしてヒッピアスの学説を垣間見るのがせいぜいのところである。しかしそこには、豊かな展望と独創性が存するのである。

第七章　アンティフォン

I　身元証明、著作

ソフィストのアンティフォンが、弁論家、演説草稿作家、政治家であるラムヌゥス〔区・デーモス〕のアンティフォンと同一人であるか否かという問題は、長い間批評家たちを悩ませてきた。こんにちでは、両者を区別すべきであるという共通了解が充分形成されているように思われる。ラムヌゥスのアンティフォンは貴族階級の出で、政治的には四百人政権の寡頭政治に参加していて、彼はそこにおいてさえ最も強硬な反民主主義派のひとりであった。それゆえに、彼は四百人政権の崩壊とともにスパルタと内通した罪で告発され、死刑に処せられている。ラムヌゥスのアンティフォンの著作としては、幾つかの演説が伝わっているが、伝統的に彼の著作とされてきた三つの四部作は、おそらく彼の手によるものではない（L・ジェルネ『アンティフォン・文集』ベル・レットル、一九六五、六〜一六頁）。逆にソフィストのアンティフォンのほうは、ガスリーが指摘するように（同書、二九八〜二九九頁）民主主義の擁護者であり、彼は貴族階級に特有の偏見を告発するとともに、平等主義を礼賛し、伝統に支持されてきた、ギリシア人と異民族の間には断絶があるとする伝統的な見方に反対するに至っている（断片B四四b）。アンティフォンの生涯およびその個人的な性格については、彼がアテナイ人であったということ以外、ほとんど何も知られていない。

アンティフォンの主著は、『真理』と題する二巻からなる論文である。オクシュリンコス・パピュロスからの重要な諸断片は、おそらくその一部であったと思われる。アンティフォンにはまた、かなり格言的な文体で書かれた『心の一致について』、および、内容は事実上まったく残っていない『政治家』という著作があったとされる。これらに加えてもう一つ非常に興味深い著作として『夢の解釈について』と題する著作を挙げねばならず、これは、こんにちのわれわれから見れば心理学的著作と呼ぶべきものであろう。夢占い師のアンティフォンが、ソフィストのアンティフォンと同一人であるかどうかは、問題とされてきた。実際、一方でソフィストのアンティフォンのように、神の摂理を否定しておきながら(断片B一二)、他方で夢による予見に熱を上げることはできないはずだ、との主張もあった。しかしながら、ウンターシュタイナーは、こうした反論を正しく退けて、アンティフォンの夢解釈は宗教的な性格のものではなく、すでに科学的合理的な性格のものであったことを示している(『集成』第二巻八〇～八二頁および一〇七頁注二〇六)。

Ⅱ　形態とその根底

アリストテレス『自然学』第二巻による証言(断片B一五)は、われわれを一挙にアンティフォン思想の核心へと引き込むものである。周知のように、アリストテレスにとって感覚される存在者は、質料と形相の複合体であり、複合体内においては、本質を付与するのが形相である以上、形相が本質的な役割を果すのである。存在論的に言って、形相が優位にあるという主張は、以後の西洋形而上学の運命を決定するものとなった。ところが、アンティフォンはこの優位を形相にではなく、アリストテレスが質料と名づけるもののほうに認めるのである。存在者の本質や本性といったものを構成するのは、質料なのである。アンティフォンはアリストテレスとは異なり、質料（ヒュレー）という術語を用いてはおらず、代わりに、それにふさわしい概念として、「アッリュトゥミストン（arrythmiston）」という概念を用いている。存在者の深くにある本性、存在者の真の実在性を構成するのは、アッリュトゥミストンなのである。ここでわれわれが解決すべき第一の問題は、このアッリュトゥミストンという概念をいかに理解し、いかに翻訳するかということである。アッリュトゥミストンの意味は、あらゆる「リュトゥモス（rhythmos）」、すなわち、あらゆる「リズム」を欠いたもの、あるいは、むしろそれから解放されたものということである(1)。以上の考察からほとんど何も教えられるところがないと感じるのは、「リズム」という術語に現代のわれわれが与える意味と、ソクラテス以前の思想家たちのリュトゥモスが有していた意味とは、まったく異なっているからである。現代の「リズム」が、どちらかといえば音楽の領域、したがって聴覚の領域のことを考えさせるのに対して、リュトゥモスが指示するのは、逆にさまざまな形態の視覚的経験の方である。「リズム」の原初的な意味へ戻るためには、この語の語源探求を行なわねばならない。文法学者たちは、この語の音楽的な意味合いに影響されて、その語源は「流れる」を意味する動詞レインであるとしている。イェーガーは、この語の旧来の古典的語源理解を告発した最初の一人である（『パイデイア』第一巻、一七四頁、注一）。リュトゥモス（あるいは〔そのイオニア方言〕リュスモス）が現われる一連の箇所を分析し、これらの箇所の文脈の示すところでは、この語は「流れる」とは無関係であり、この語が指示するのはむしろ逆で、一まとまりの輪郭の限界のうちに縛られているということである(2)。アリストテレスの報告によると、原子論者たちは、リュトゥモスという語を原子の輪郭を指示するために使用しており、その同義語として「周囲」（スケーマ）という語をアリストテレスは挙げている。[3] Ｅ・バンヴェニストは、「言語表現のなかに見られるリズム概念」の問題に一論文を割いている[4]が、この論文でバンヴェニストは、リュトゥモスおよびその派生語の現われる箇所を、「その起源からアッティカ期にいたるまで」調べあげ、結論として「その意味の不変な部分は、明瞭に区別された形、釣り合いの取れた形態、配置である」と述べている。[5] バンヴェニストは付言して、アリストテレスはリュトゥモスに基づいて「アッリュトゥミストス」という造語を行なったが、これは一つの形相に還元されぬこと、すなわち有機的に組織化されていないということを意味する（『形而上学』第五巻第四章一〇一四b二七）」と言っている（前掲論文三三二頁）。われわれの信じるところでは、アッリュトゥミストンという造語を鋳造したのは、アリストテレスではなくアンティフォンであり、同じ自然の存在という問題を手がけているのがその証拠である。アリストテレス『自然学』（第二巻第一章一九三a九以下）がある。したがって、リュトゥモスというのは、型（modèle）、外形（tournure）あるいはさらに構造（structure）、有機組織（organisation）などと訳しうるものである。これは、アンティフォンのもう一つの概念であるディアテシス、すなわち配置（disposition）、秩序づけ（ordonnancement）ときわめて近い概念である。[6] アッリュトゥミストンというのは、ハイデガーの訳語を借用するならば、[7]「構造から自由なもの（libre de structure）」、あるいはまた、シェリングの言う意味での「根底（Grund）」であろう。

（1）「欠いた」という言い方自体、アリストテレスの見解に組するものであろう。というのも、アリストテレスは、形相に重きを置いており、アリストテレスにとって形相の不在は、一つの欠如であることになるからである。ところが、アンティフォンにとって、真相はこの逆なのである。

（2）イェーガーが引用しているのはとりわけ、アルキュロス「リズムがいかに人間を締め付けているかを知れ」（ディール編『ギリシア抒情詩集』断片六七a第七行）、およびアイスキュロス『縛られたプロメテウス』第二四一行以下〔プロメテウスが岩に縛り付けられた自分を嘆く場面〕である。『パイデイア』第一巻一七五頁を見よ。ル・バスとフィックスの仏訳のほうは、第二四一行のhôd'errhythmismaiを«voyez comme il m'a arrangé»〔彼が私をどういう羽目に遭わせたかを見たまえ〕と訳すことを提案している（パリ、アシェット社、一八六七、一二六頁注二五における彼らの訳）。

(3)『形而上学』第一巻第四章九八五b一六。また、『自然学』第七巻第三章二四五b一〇をも参照。
(4)『一般言語学の諸問題』第一巻(ガリマール社、一九五一)第二七章、三二七〜三三五頁に再録。
(5)同論文三三二頁。ただし、バンヴェニストが行なっているのは、イェーガーの場合とは異なり、リュトゥモスをレインから派生させる語源理解を疑問に付すことではなく、リュトゥモスという語の意味のさまざまな変容を分析することにより、プラトンがこの語の現代的な意味の創始者であったと理解することであるという点には注意すべきである。ミシェル・セールが『ルクレティウスのテクストにおける物理学の誕生』(ミニュイ社、一九七七年、一九〇頁〔豊田彰訳、法政大学出版会、一九九六、二三七〜二三八頁〕)で行なっているバンヴェニストに対する批判を見られたい。
(6)断片B一四、二四a、六三参照。このうち最後の断片に関しては非常に議論が多い。ウンターシュタイナーはこれを次のように解釈している。「しかしながら、宇宙の秩序を認識している者は、それ(調和の法則)を聴くことができる。」『証言と断片』第四巻一五一頁。
(7)『道標』所収の「フュシスの本質と概念——アリストテレス『自然学』第二巻第一章」の仏訳(ガリマール社、一九六八、F・フェディエ訳)の訳語のうち、本文に述べた理由により、「構造から自由なもの」(二一九頁)というこちらの訳の方が、「構造を欠いたもの」(二一七頁)という訳よりもより適切であると考える。

以上を述べたところで、われわれは、アリストテレスの証言による断片B一五〔『自然学』一九三a九—一七〕のテクストに取り組むことができる。

「ある人びとは、自然によって存在する存在者の本性および本質は、各事物の第一の構成要素であり、それは、それ自体では構造から自由であると信じている。たとえば、寝台の本性は木であり、銅像の本性は青銅であるというように。アンティフォンの主張によれば、その証拠は、仮に誰かが寝台を土中に埋め、また、腐敗が新芽を芽生えさせる力を有しているとすれば、それは寝台ではなく木になるであろうということである。寝台は付帯的に存在しているのであり、これは構造および〔寝台の〕制作技術に従った配置なのである。[1] これに対して本質というのは、こうした肉付けを受け入れる過程で絶えず存続しているものなのである」。

(1)この個所〔一九三a一五〕でわれわれは tēn kata nomon diathesin〔ノモスに従った配置〕の代わりに、シンプリキオス（『自然学注解』二七五頁三―五行）およびフィロポノス（『自然学注解』二一三頁六―八行）により保証され、またウンターシュタイナー『証言と断片』第四巻、五五頁注に指摘されている異読〔ただし、彼自身はこの異読を採ってはいない〕tēn kata rhythmon diathesin を読む。diathesin（配置）もやはりアンティフォンの用語法に典型的な術語であることは、すでに見たとおりである。

この断片の根底に存在するのはおそらく、人工と自然の間の対立というよりはむしろ、形態（リュトモス）と根底[1]（アッリュトゥミストン）との間の対立であろう。この点に注意すれば、この箇所についてロスが指摘した背理、すなわち、自然により存在する存在者の本質を例示するために人工的制作物の例が挙げられるという背理は、解消されることになろう。すなわち、リュトゥモスとアッリュトゥミストンの間の戯れであれば、人工的制作（テクネー）においても、狭義の自然においても、起こることである。寝台を地中に埋めるという例でアンティフォンが言おうとするのは、自然の人工に対する優越というよりはむしろ、アッリュトゥミストン（構造から自由なもの、根底）のリュトゥモス（構造、形態）に対する優越なのである。その際、人工的制作物の例は、とりわけ適切であるといえる。なぜなら形態は、自然におけるよりも技術において、いっそう、虚弱で移ろいやすいものであるからである。

（1）『アリストテレス　自然学』（オクスフォード、一九三六）五〇二頁。

したがってアンティフォンの主張においては、存在者のなかの根本的なもの、すなわち存在者の奥にある本性とは、存在者が原初的にそれから構成されるところのものであり、これはすなわち、それ以外のすべてのものが、そこからさまざまな加工を経て生じる元となるところの生地なのである。すべてのものが作られる元となる生地は、アリストテレスにおいては「第一質料」の名が与えられている。アンティフォンは、いまだこれを質料（ヒュレー）とは名づけておらず、「アッリュトゥミストン（構造から自由なもの）」と呼んでいたのである。宇宙のさまざまな形態のすべては、宇宙が仮に取るいろいろな外形（リュトゥモイ）にすぎないのである。宇宙はこうした外形を仮に取るにすぎない、というのは、宇宙はそれらの外形を一つとして引き留めておくことができないからである。宇宙はさまざまな形態の戯れに応じはするものの、直ちに、また元の自己自身へと戻るのである。宇宙は完全に受動的で「リズム」の刻印を受けるのであるがそれは単に表面で起こることである。宇宙は、根底としては、語の本来的意味でまったく無形態なもの、すなわち形を拒むものである。根底は再び根底に回帰し、再び自己自身へと戻り、そうすることで構造から解放されるのであるが、そうなると構造のほうはもはや何ものも構造化することがなくなり、無に帰することになる。したがって、真の存在とは、構造から解放された、支えとしての素材なのである。形をさまざまに変える雲のように、個々の諸形態は不安定なものである。いとも簡単に一つの形から他の形へと移ろっていく。円の正方形化についてのアンティフォンの解決法も、このことを証明しようとするものである[1]

（1） 以下は、アリストテレスがアンティフォンのものとしている、円の正方形化の原則で、シンプリキオスが叙述しているものである（断片一三）。

一つの円があり、正方形ABCDがこの円に内接しているとする。弦ABに対する〔線分ABの〕垂線が円周と交わる点をEとする。AE、EBを線分で結ぶ。正方形のその他の辺についても同様の手続きを行なう。すると、円に内接する八角形が得られる。さらに、この八角形の辺についても同様の手続きを行ない、次いで、それにより得られた多角形についても同様にし、以下同様にして、完全な取り尽くしにいたるまでこれを続ける（次図参照）。

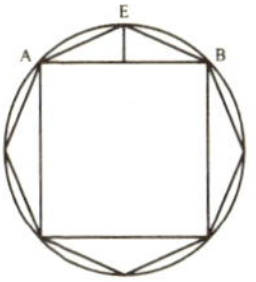

アリストテレスは、この方法は幾何学の範囲を逸脱している、と言って反対する。というのも、幾何学的に言うならば、

完全な取り尽くしには至りえないから、というわけである。この意味で、この方法を反駁する必要はない。なぜなら、この方法自体が学の外にあるからである〔断片一三、アリストテレス『自然学』第一巻第二章一八五a一四―一七〕。

しかしながら、この証明には、アリストテレスからそうした軽蔑を投げつけられるべき言われはない。というのも、この方法が古典数学の領域を逸脱したのは、おそらく古典数学を拡張するためであったからである。この意味で、この方法は微積分法を先取りしていたものと言えよう。実際、ラザール・カルノー〔フランス革命期に活躍した軍人政治家にして数学者〕は、『微積分法の形而上学』を叙述するに当って、アンティフォンの証明から出発しているのである。カルノーの手続きを辿ってみることにしよう。

半径Rの円があるとする。この円に内接する多角形があり、辺の数は任意とする。CHは円の中心から多角形の一辺に下ろした垂線である。Pは多角形の周囲で、Sは多角形の面積とすると、Sは次の式により求められる。

$$S = P \times \frac{1}{2} CH$$

xは、多角形の周囲が円周と等しくなるために不足している無限小の量とし、yはCHが半径Rと等しくなるために不足している無限小の量とする。

すると、多角形の面積は、次の式により求められる。

$$S = (P + x) \times \left(\frac{1}{2} CH + y\right)$$

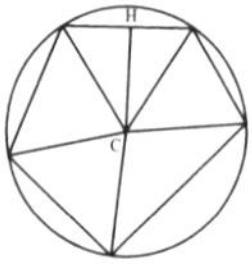

しかし、xとyが表わすのは、円を辺の数が無限に増大した多角形として扱うために意図的に導入された、無限小の誤

差である。したがって、この計算の原理は、0に収束する微小な誤差というものを受容する点に存する。しかし、実際の計算に当っては、われわれはこの微小な誤差を誤差なしにまで減少することができる。ラザール・カルノーは、「たとえ誤差が微小であるにしても、つねに誤差は残存する以上、出発点となった仮定は誤っているものの、この誤差を補正する手段があると思われ、それは、先には考慮さるべきものとして導入された無限小の量を実際の計算のなかでは無視するということである。当該の問題のような場合、こうした性質の量を最終的には無視することは、単に許容されるというばかりではなく、必要なことでもある。これが唯一、当該問題の諸条件を正確に表現する手法なのである。この補正がすでに行なわれていることを示す証拠としては、最後の式のなかではこれら任意の量は消えているということがある。

したがって、

$$S=(P+x)\times(\frac{1}{2}CH+y)$$

という式のなかで、私はあたかもxとyが存在しないかのように、すなわちこれらの量が不足してはいないかのようにしている。これらの量が不足してはいない以上、Pを$2\Pi R$に等しいと見なし、CHをRに等しいと見なし、それぞれ互換可能と見ることができる。

すると、次の式が得られる。

$$S=2\Pi R\times\frac{1}{2}R$$

ここから、$S=\Pi R\times R$　それゆえ、

$$S=\Pi R^2$$

以上のようにして、円の面積の正確な公式が得られる。

実際、曲線の直線化を実現することで示されるのは、一つの幾何学的図形から他の幾何学的図形への

移行が可能だということであり、それは、これら図形の真の実在性が、さまざまな幾何学的図形がそれへと解消される空間的同質性のうちにあるからである。したがって、根底こそが根本的なものなのであり、この根底を語る際には、欠如を示す語によるべきではない。欠如を意味する語によって根底を語るのは、プラトン＝アリストテレス形而上学にまつわる抑えがたい傾向なのである。根底の受動性とは、自由のことである。なぜなら、その受動性は全体的なものであり、受動性は構造に従うのと同じ運動によって、構造から離れもするからである。アッリュトゥミストンは肯定的なものである。アンティフォンは、後のスピノザのように「限定は否定である（determinatio negatio est）」と言うこともできたはずである（スピノザ『書簡』五〇〔畠中尚志訳『スピノザ往復書簡集』（岩波文庫）二三九頁〕）。したがって、構造から解放されたものとは、普遍者なのである。個別者の貧しさに対して、この普遍者は、世界の豊かさのすべてをなすものである。この普遍者はいわば保留庫であり、「リズム」はそこから汲み上げられるものであり、形態を成し、外形を取るものすべてを、すなわち美のさなかを歩んでいくものすべてを組織する。したがって、「仮にその保留物を奪われるとすれば、（自然による）さまざまな美しい存在者の組織化は、うまくいかなかったであろう」（断片B一四）ということを忘れるべきではない。アッリュトゥミストンは、語の二重の意味で「保留的」である。第一に、そこから水を汲むことのできる「貯水池」という意味で。また、第二には、「慎重に〔保留つきで〕振る舞う（être sur la réservee）」という表現に見られる意味で、つまり「幅を利かせる〔形態をなす〕（faire figure）」ことをしないという意味で。アンティフォンにとって、あらゆるリュトゥモスは、最終的には「端役〔一時的に姿を見せる者〕（figurant）」にすぎない。ここでは無限定性が積極的な意味を受け取っているが、これは、ギリシア文化盛期、すなわち本質優位の諸哲学を見慣れた目には、受け入れがたい事態である。こういうわけで、断片B一〇で省略されている主語は、明白にアッリュトゥミストス〔構造から自由な者〕であって、「神」やエレア派のいう存在ではないにしても、そのことを、これまでの解釈者たちは見すごしてきたのである。[1]『真理』第一巻で、そしておそらくは「構造から自由な者」の秘儀を啓示した箇所の後に、アンティフォンはこう付言していた。「以上の理由から、それ〔アッリュトゥミストス〕は何物も必要とはせず、他から何かを受け取ることもせず、それは無限定であって、欠乏することのないものなのである」（断片B一〇）。アペイロンという概念は、アナクシマンドロスからの借用であり、使われている文脈もアナクシマンドロスが拒否せぬであろうと思われるものであるが、その指示対象は、明らかにアッリュトゥミストンであり、アペイロンはアッリュトゥミストンとほとんど同義であるといえる。逆に、多神教の神々の場合、その名前は「目に見える者」を意味するが、この神々はむしろ最高度の限定を代表するものであろう。構造から自由なものは自己充足していて、他所から何も借り入れることがない。なぜなら、構造から自由なものからこそ、すべてのものが借り出されるのである。このようにして、完成したものの特権性は粉砕されることになる。アンティフォンにとっては、未完成というのは、充足と肩を並べるものなのである。この結論は見慣れぬものではあるが、現代でもゴンブローヴィッチによって再現されている。すなわち、人間は絶対への渇望によって動かされるのではない。人間は、「おそらくもっと秘められた、いわば不法な」目標をもっている。すなわち、未完成なもの、不完全なもの、若さへの欲求である」[2]。ここで驚くべきことは、ゴンブローヴィッチの場合、若さが心理学的な観点から特徴づけられるのではなく、若さに、いわば宇宙論的な拡がりが付与されているということである。つまり、この若さにあっては、「その不充分・未完性が一種の原初的な力へと姿を変えていた」[3]のである。プルーストにも同様の分析を見出すことができるが、それは、プルーストが花盛りの少女の詩的な美しさを説明する場面であり、この詩的な美しさを、われわれは「アッリュトミストス的」な美しさと呼ぶこともできよう。「青年期は完全な凝固に先立つ時期であり、それゆえ、少女たちの傍にいると、さまざまな姿形が絶えず移ろいゆくのを目のあたりにすることによる清涼感が感じられるのであり、その絶えず一つの姿とその反対の姿との間を揺れ動くさまは、自然を成す元素の絶えざる再創造を思わせるものがある」(『失われた時を求めて』「花咲く乙女たちのかげにⅡ」)。

(1) 通例はとても洞察力のあるウンターシュタイナーも、ここでは主語に「神」を補足している(『証言と断片』第四巻、四三頁注)。さらにまた、ウンターシュタイナーのようにここでのアペイロスを無限定性と無経験の二重の意味に解釈するのは、原文を極度に歪曲するものであると思われる(『集成』第二巻五八頁)。K・ゲーベル〔『ソクラテス以前の哲学』ボン、一九一〇〕は、断片B一〇の主語はコスモスであると考えている(ウンターシュタイナー『集成』第二巻、八五〜八六頁、注一〇参照)。

(2) 『ポルノグラフィア』(パリ、クリスティアン・ブルゴア、一九六〇)七頁。工藤幸夫訳『ポルノグラフィア』(河出書房新社)の「訳者解説」二三六頁にこの部分の邦訳がある〕。また、ゴンブローヴィッチの最初の小説『フェルディドゥルケ』についての分析も見よ。

(3) 同書八二頁、および一五八頁も参照。

(4) ガリマール社、「プレイヤド叢書」新版第二巻、二五九頁〔井上究一郎訳「ちくま文庫」版第三巻、三六六頁〕。

したがって、アッリュトゥミストンは、自然の若さであると言うこともできよう。実際、「構造から自由なもの」の自己充足性は、結果的に時間を免れることになる。「構造から自由なもの」には何物も付け加わらない以上、これは自己同一のままに留まり、つまりは不変のままに留まることになる。これは、「構造から自由なもの」の取るさまざまな「外形(リュトゥモイ)」が順次交替する形でしか存在せず、一時的な形状にしかすぎないのとは対照的である。アッリュトゥミストンは、安定していて恒常的であり、不滅であり不死である。アッリュトゥミストンは、基体であるがゆえに時間の外にあり、逆に時間はというと、これは移行なのであり、基体ではありえない。以上からして、時間は、時間によって測定される限定された存在にとってのみ実在性をもつのであり、また、時間を思惟する個体にとってのみ実在性をもつのである。なぜなら、こうした個体には誕生と死があるからである。このように、アッリュトゥミストンが基盤（ヒュポスタシス）であるがゆえに時間を免れているという点は、断片B九で表明されている。「時間とは思惟および尺度なのであって、基盤なのではない」[1]。先に「構造から解放されたもの」の若さについて述べたことも、この無時間性という環境のなかでこそ理解せねばならない。「構造から解放されたもの」が若いというのは、これが老いや死を免れているために、つねに若いという意味である。封蠟が、みずからに押された印形すべてをつぶして、みずからは印形であることをやめられるように、「構造から解放されたもの」は、それ自体が破壊であるがゆえに、みずからは破壊されえないものなのである。「リュトゥモス」の定めはその反対である。ロンサールは、「素材は存続し、形態は失われる」と言うとき、知らず知らずのうちにアンティフォンに与しているのである。このようにとらえられた変化は、むしろ、ニコラ・グリマルディが指摘するように、「変容（メタモルフォーシス）」の次元に属するものである。古典的形而上学で規定されるような経験にあっては、「変化するのは諸事物の質料性であり、存続するのは諸事物が継起する際の形相的な秩序である。しかし、変容にあっては、存続するのは質料であり、変わるのは形相である（『疎外と自由』マッソン社、一九七二、四六頁）。アッリュトゥミストンに真の実在性が授与された結果、アッリュトゥミストンが身にまとうさまざまな個別的形状、すなわちすべての存在者は、不安定さを身上とし、絶えず死にさらされることになる。個体は、存在論的な確実さを欠いているがために、本質的に死へと向かいつつある存在なのである。そこからして、個体の運命は、すべて悲壮なものとなる。というのも、個体の運命は、それ自身のうちに最も確実な約束事として自己の解体を抱えているのであり、その存続は、みずからのはかなさを証明するためのものにすぎず、また太陽の下に姿を現わして、その下で、ある外形をとるのは、一朝の間のことでしかない。実際、アンティフォンの断片においても死は語られている。すなわち、断片B五〇がそれであるが、この断片はおそらくギリシア文化がこんにちに伝えるもののうち最も悲痛なものであり、そこでは、こうした人間の不安定さが次のように語られている。

「人生とは一日の間の見張りであり、存在する長さはただ一日だけのことにすぎない。われわれは光のほうへ目を上げ、次に来る別の者たちへ順番を譲る。」

(1) われわれはヒュポスタシスを訳す際、「存立原理 (hypostase)」という訳語は、プロティノス的概念〔最上位の一者以下、そこからの流出における、ヌース、魂などの各段階〕との混同を避けるため、これを採らない。また、「実体 (substance)」という訳語は、アリストテレスの実体との混同を避けるため、これも採らない。

人間は「日勤の (de jour)」見張りであり、そしてそれは「当日限りの (du jour)」役目であるがゆえに、人間はまた「束の間の (d'un jour)」存在でもある。しかしながら、この断片で悲劇的な言葉といえば、それはおそらく「別の者たち」(ヘテロイス) という語であろう。さまざまな形態というものは、いかなる存在論的な確実さももたないがゆえに、分解して、二度と元には戻らぬものなのである。アンティフォンは、個体に対して永劫回帰という慰めは拒んだ。アリストテレスの場合であれば、この永劫回帰によって、父親は、種の観点で言うならばその息子において同義的に反復されるのである。

アンティフォンにあっては、「私」に取って代るのは本当の他者なのであり、もう一人の「私」なのではない。構造から解放されたものはつねに同一であるが、しかし、同一の仮面を再び取ることはけっしてないのである。いかなる形態 (リュトゥモス) も留まりつづけるということがなく、また、反復されることもない。反復もやはり、ある意味では留まりつづけるということになるであろうから。したがって、個体にとって時間の各時点は、後戻りのきかぬ限界点なのであり、ここから帰結する人生への態度は二重である。人生は卑小で、かつ脆いものであり、期間は短く、労苦多きものである (断片B五一)。要するに、人生とは、ほとんど無といってよい。しかし、まさしく人生は、ほとんど無であるがゆえに、人生は貴重なものなのであり、貧乏人にとって一文の銭が宝であるのと同様である。人生は無なのであるが、しかし、この無はすべてなのである。したがって、自分の人生を、彼岸の生に備えるために送ることがあってはならない。彼岸の生などというものは実際には存在せず、われわれから現在の人生の時間を盗み取るものなのである（断片B五三a）。死というのは、芝居における死のように、ある俳優が役の上で死んだ後に再び別の役を演じるために舞台に再登場するといった冗談半分の死なのではない。死はほんとうに絶対的な真面目さを生に与える。生は遊びなのではない。アンティフォンは、このことを別の断片では決然と主張している。「骰子遊びのように、人生を二回勝負するなどというのは論外である」（断片五二）。人生を遊びとする見方は、人生が反復可能であるという考えに結びついている。こうした見方からすれば、死は見かけのことにすぎず、真の人生は彼岸にあるということになる。アンティフォンにとって、真の人生とは、われわれの人生のことを言うのである。われわれが個体であるというのは、もはや取り返しのつかぬ事態なのであり、こうした個体、すなわち一過性のさまざまな形態は、死後にはもはや本来の形を保つことがなく、したがって、二度と再生することもないということもやはり取り返しのつかぬ事態である。生存にはこうした真面目さがつきものであるがゆえに、個体の幸福の問題は、都市のなかにおける幸福と個人的な幸福という、鋭い対立のなかで提起されることになる。

Ⅲ　自然に反する法

人間の幸福は、法（ノモス）によって脅かされている。というのも、法の企てることはすべて、自然の願望を抑圧する点にあるからである。これを示すために、アンティフォンは、まず伝統的な正義観を告発するところから始める。伝統的な正義観によれば、正義とは純粋に法律的かつ形式的な観点から、自分が市民として属する都市の法への服従として定義される。実際のところ、これは法の網をかいくぐるのが最も巧みな者に褒美を与えるということであり、それは愚かしきことである。「正義とは、自分の所属する都市の法を侵犯せぬということである。したがって、人間は、証人の前では法律を尊重する一方、一人で証人がいない場合には自然の願望を尊重するならば、最も自分の利益になるように正義を行なうことになろう」（断片B四四a第一欄六―二三行）。

したがって、ノモスの統治は、結果として、偽善や腹芸を助長することになる。しかしながら、公的には法の命ずるところをこの上なく尊重する人びとが、私的にはこれを裏切るということが、なぜ起こるのであろうか？　それは、法の命ずるところというのは、これを信奉すると自称する人びと自身の自然本性をまず手始めに、自然本性に対して暴虐を加えるものであるからである。そして、アンティフォンは、自然と法を体系的に反対のものと位置づけることに専念する。この比較対照にあっては、自然と法の両者が正反対の概念対によって特徴づけられている。アンティフォンの宇宙論にあっては、アッリュトゥミストンが実在的なものや奥にあるものを表現する一方で、リュトゥモスが表面的なものや見かけ上のものを表現していたのと同様に、人間学にあっては、自然が内的な必然性や真理を表現する一方で、法が偶然的な外在性や慣習的なものを表現している。これは、先に挙げた断片B四四aの続きで示されている。

「実際、法の規定というのは付け加えられたものであるのに対して、自然のそれは必然的なものである。そして、契約に由来する法の規定は自然的なものではなく、他方、自然の法は自然的なものであって、契約に由来するものではない。

したがって、人は法の規定を侵犯しても、もしその契約を結んだ人びとに気づかれずにすむとすれば、不名誉や処罰を免れることができる。もし、法を侵犯したところを見られるとすれば、不名誉や処罰は免れない。しかし、自然とともに生まれた規定についていうと、もし人がこれを可能な限度以上に歪曲するとすれば、たとえすべての人間に気づかれずにすむとしても、その悪はだからといって小さくなるとはいえず、また、すべての人がそれを見るとしても、その悪はだからといって大きくなるというものでもない。というのも、この場合の害は臆見ではなく、真理において生じるものであるからである」(同断片第一欄第二三行—第二欄第二三行)。

自然の指図には根拠があるのに対して、法のそれには根拠がない。ゆえに、自然の指図が強力であるのに対して、法のそれは薄弱であるということになる。法は、その存在を全面的に臆見に負うがゆえに、法の存在とは無なのである。自然の場合、その存在は自然について人が有する観念とは独立しているがゆえに、自然の存在とは真理なのである。状況次第の合意がつねに存在するものに優越することはありえず、偶然的なものが必然的なものに優越することも、容易に誤魔化されるものがけっして例外を許さぬものに優越することもありえない。ところが、これほど両者の力には隔たりがあるにもかかわらず、法は敢えて自然に対抗しようとする。それどころか、法はまさにそのことによって、次のように定義されさえする。「法によって正しいとされる命令内容の大部分は、自然に対して戦いを挑むために設けられたものである」(断片第二欄第二六—三〇行)。この点においてこそ、法は仮面を脱ぎ捨て、その真の目論見を露わにするのである。法が目指すのは禁止するということであり、法がが望むのは抑圧するということであり、法が努めて行なうのは人に苦痛を与えるということである。法のおかげで、人は「そんなに苦しまなくてもいいときにいっそう苦しむのであり、もっと喜んでいいときに少しの喜びしか感じないのであり、何の被害も受けずに済むときにひどい目に遭うのである」(同断片第五欄第一八—二四行)。しかしながら、法が抑圧を目指して行なう戦いは、法自身がこの戦いに勝つと信じる振りをせぬかぎり、初めから負けと決まっている戦いである。こういうわけで、アンティフォンは、英雄的倫理の苛酷な諸概念に代えて、新たな道徳を謳歌する概念をもってくる。すなわち、有用性や、生や、自由や、喜びがそれである。

「実際、生きることは自然に属することであり、また死ぬことも自然に属することである。そして、人間の生は有用なものに因り、人間の死は有害なものに因る。

ところで、有用な事物について言うと、法によって定められた規定は、自然にとっては足かせとなるものである。他方、自然に由来する規定がなすのは、解放ということである。それゆえ、苦痛を産み出すものは、少なくとも正しく推論するかぎりは、喜びを産み出すものよりも自然本性にとって有益であるとは言えない。それゆえ、苦痛を与えるもの（タ・リュープーンタ）が、喜びを与えるものにくらべて有用なところはまったくないであろう」（断片第三欄第二五行―第四欄第一八行）。

自然の指図は、アンティフォンによって「必然的〔強制的〕」と形容されていたことを想起したい。その自然の指図が、今度は自由と結びつけられている。したがって、アンティフォンに固有の逆説とは、自然の必然性と自由との間に密接な連関を確立するところにある。人間にとっての自由とは、フュシスの必然性に服従する能力があるということであり、自然本性に対して然りと言う能力があるということである。自然本性に逆らっても自然本性から解放されることにはならず、ただ苦しむことになるだけである。法は抑圧をなすもので、無益である。否、それのみか有害でさえある。なぜなら、そうした法が作り出すのは、苦痛、すなわち、結局のところは死であるからである。苦痛を喜びに転換し、また、死を生に転換するためには、法律を自然化する必要がある。人間は立法癖に苦しめられていて、この立法癖なるものは、人間をその生活のどんな細部にまでも追いかけて行き、その手足を縛り、目と口を塞いでしまうのである。人間は、みずからの心身にのしかかってくる、さまざまなタブーという重荷に押しつぶされようとしている。

「実際、目に対しても、目が見るべきもの、および目が見るべきではないものが法で定められている。また、耳に対しても、耳が聴くべきこと、および耳が聴くべきではないことが法で定められている。また、舌に対しても、舌が言うべきこと、および舌が言うべきではないことが法で定められている。また、手に対しても、手がするべきこと、および手がするべきではないことが法で定められている。また、足に対しても、足が行くべき場所、および足が行くべきではない場所が法で定められている。また、精神（ヌース）に対しても、精神が欲望（エピテューメイン）すべきこと、および精神が欲望すべきではないことが法で定められている」[1]。

しかしながら、アンティフォンが自然本性のために行なったこの輝かしい弁明の届く範囲は、正確に言っていかなるものなのかを知っておくことが望ましい。それは、本能の過激な解放を要求するものなのであろうか？　これは結局のところ、利己主義と暴力が燃えさかる状況のなかでしか達成されえないものであろう。それはまた、プラトンが、『ゴルギアス』中の登場人物カリクレスとともに到達した結論である〔四八三C－四八四C〕。しかし、こうした考え方は、アンティフォンの真意をまったく誤解するものであろう。実際、アンティフォンの大著の一つは『心の一致について（ペリ・ホモノイアース）』と題されており、ヒッピアスにとって友愛がそうであったように、心の一致はアンティフォンにとって自然本性にとって自然本性に基礎をもつものなのである[2]。自然本性は必然性の領域をなしていたことを、想起したい。ところで、友愛とは必然性なのである。「新たな友愛は、必然的であるが、以前からの友愛は、さらに必然的である」（断片B六四）。他方、アンティフォンは、自然的な集団の成員同士は互いに互いを模倣し合うということに気づいており、こうした類似性は心の一致を産み出すものとして、やはり必然的であるとアンティフォンは形容している。「一日の大半を誰か他の人といっしょに暮らす人は、必然的に相手の人と性格が似てくる」（断片B六二）。したがって、自然の願望とは相互理解ということであり、そして、いかなる個人的な逸脱行為や社会的調和も、認識を頼りにすれば避けられるとアンティフォンは考える。諸事物の自然本性を誤って把握すれば、人びとは相互に対して閉ざされた存在になってしまい、人びととの相互理解は妨げられてしまう。「しかしながら、人びとが（自然の）有機的組織（ディアテシス）を認識するならば、人びとは聞くものである[3]」。したがって、心の一致を実現するためには、人びととすべての間に知を普及させる必要がある。自然本性を援用することで、アンティフォンはまた、人びとの欲求が共通であるがゆえに人間は普遍的なものなのだ、という基礎づけを行なうことができた。生命維持に関わるさまざまな欲求も、必然性の次元に属する事柄なのである。この観点から見るならば、人びとは生れながらにして平等である。そして、貴族と庶民を差別する必要はないし、異邦人とギリシア人さえ差別する必要はない。自然の教えるところは世界市民主義なのであり、ギリシア世界のさまざまな小都市の狭い枠組みと、そこでの社会的階級秩序とを越えるよう、自然は促しているのである。

（1）断片B四四a第二欄第三〇行—第三欄第一八行。ついでながら、アンティフォンにとって精神の根底そのものは欲望であることに注意すべきである。したがって、アンティフォンの政治思想と、彼の深層心理学がわれわれに伝えることとの間には、密接な連関があるといえる。

（2）このアンティフォンの心の一致が、社会的な合意のことをいうのか、それとも内的な調和のことをいうのか、と問う必要はない。なぜなら、アンティフォンの場合、心理学と政治思想との密接な連関が認められているのであるから、アンティフォンの心の一致はとうぜん両方を指すのである（断片B四四a中のイアンブリコスによるテクストを見よ〔前掲『断片集』一六五頁〕。同断片中のクセノフォンによるテクスト〔第四巻第四章第一六節、佐々木理訳『ソークラテースの思い出』（岩波文庫）二〇八頁〕の作者はアンティフォンではなくヒッピアスとされるべきである点には注意したい。ウンターシュタイナー『証言と断片』第四巻、一一一頁注）。

（3）断片B六三。ここでわれわれは、ウンターシュタイナー『集成』第二巻、一〇三頁、注一〇七に依拠している。それによるとディアテシスは『真理』に出てくる際と同じ意味、すなわちディアコスメーシス（宇宙の秩序付け。断片B二四a参照）の意味を有している。

「著名な父祖の子孫である人びとを、われわれは尊重し、かつ尊敬するが、著名な家系の出ではない人びとを、われわれは尊重もしないし、尊敬もしない。この点で、われわれは互いに異邦人として振る舞っているといえる。なぜなら、われわれが異邦人であるにせよ、ギリシア人であるにせよ自然本性によって、われわれはみな生まれながらにして類似しているからである。すべての人間にとって必然的に不可欠であるさまざまな自然的実在に注意すべきである。……実際、われわれはみな、口と鼻孔を通して大気を呼吸しているのであり、また、われわれはみな、手を使って食事をするのである」[1]。

（1） 断片B四四B第一欄第三五行—第二欄第三五行。ウンターシュタイナーは、アンティフォンが自由人と奴隷の区分に抗議した可能性もなくはないと考える。なぜなら、これは「ギリシア人と異邦人の区分と密接に結びつい」ているからである（『集成』第二巻、七六頁）。

Ⅳ 夢解釈と苦悩の治療法

すでに見たように、政治についての分析のなかで、アンティフォンは、精神とは欲望であると主張していた。われわれはそこで、苦悩（リューペー）とは抑圧的な法によって産み出されるという考えが出現するのを見た。ところで、この苦悩の観念が出てくるのは、アンティフォンのある独創的な企てを指す名称、すなわち「苦悩を除去する技術」（テクネー・アリューピアース）のなかであり、これは、これでまた心の一致のテーマと関連しているのである。なぜなら、ホモノイア「心の一致」はまた「各個人の精神の自己自身との一致」[1]をも指すからである。この技術について伝えられていることはわずかであるが、そこからは、この技術はすでに科学的な治療法であり、ややもすればフロイト主義を思わせるようなものであったということが推測できる。[2] この治療法は、アンティフォンの夢占い師、すなわち夢解釈者としての活動と関連づけられるべきである。われわれとしては、まず夢解釈、次いで苦悩を除去する技術についての断片を取り上げ、そこにおけるアンティフォンの着想が精神分析の先駆をなすものであったということを証拠だてることとしたい。

（1）断片四四 a のイアンブリコスによるテクスト。逆に、心の一致が欠けている場合、その当人は「自己自身との戦争状態」に置かれる（同）。
（2）アンティフォンとフロイトの比較はすでにJ・P・デュモン前掲書、一六一〜一六二頁注でなされている。

アンティフォンは、病気の原因として、精神的なものが重要であることをよくわきまえていた。こんにちであれば心身医学と呼ばれるような分野の原理を、アンティフォンはきわめて明瞭に述べている。「実際、すべての人間について言えることだが、健康と病気に関して思惟が身体を統御している」（断片B二）。アンティフォンは、生理的な症状には意味があって、たとえば病気が一種の逃避となりうることを知っていた。「病気は、怠惰な人びとにとっては一種の祭日である」（断片B五七）。アンティフォンの心理学は、一種の力動的心理学であったにちがいなく、それは、人間を相対立するさまざまな内的な力に分かたれたものと見なし、人間の課題はこれらの力の均衡を図るところにあると考えるものである。知恵というのは、静穏な弛緩状態を指すのではなく、反対の原理に対する戦いのことをいうのである。すなわち、「恥ずべきことと悪しきことを、欲しも触れもしない人というのは、賢者なのではない。というのも、その場合、それに対して打ち勝ち、みずからを秩序だった者として示すことになるような、課題となる対象がまったく存在しないからである」（断片B五九）。最後に、欲望をただちに満足させることが危険であるという指摘は、フロイトによる快楽原則と現実原則との区別を予想させるものでもある

（断片B五八末尾）。

しかしながら、アンティフォンとフロイトの連関は、アンティフォンの夢解釈の方法を見れば、さらに緊密なものとなる。[1] 古代にあっては、予見は自然的な予見と技巧的な予見とに区分されていた（ウンターシュタイナー『集成』第二巻八二頁）。アンティフォンが行なっていた夢解釈は、第二の範疇に区分される（断片B七九、キケロによる証言）。自然的予見というのは、仮に人が何か幸福なできごとの夢を見たとすると、それは神から送られた幸福の前兆なのであり、逆の場合は不幸の前兆である、と考えるものである。技術からなされる予見——これをウンターシュタイナーは「科学的」と呼ぶのであるが〔『集成』第二巻八一頁〕——は、もっと手のこんだ解釈によるものであり、大災害の夢を吉兆として見なし、逆の夢は凶兆として解釈できると称するものである。キケロが報告している例の幾つかを取り上げてみよう。ここに、オリュンピア競技の戦車競走に備えている一人の競技者がいる。この競技者は、自分が四頭立ての戦車を駆っているところを夢に見る。この競技者が自然的な夢解釈を行なっている占い師に会いに行くと、この占い師は当の競技者に勝利を約束する。この競技者は、次いでアンティフォンのところへ行く。すると、アンティフォンは科学的な夢解釈を行ない、その夢のなかに敗北の前兆を見てとる。「お前の前方を四つのものが走っているのがわからないのか？」（断片B八〇）。別の競技者は、夢のなかで自分が鷲に変身したのを見る。第一の占い師は、この競技者が現実にも勝者になると言う。アンティフォンは、この競技者が敗者になると言う。「鈍い人だ、とアンティフォンは言う、お前は自分が負かされたのがわからないのか？　というのも、この鳥はといえば他の鳥を追いかけ追い求めるものである以上、自分自身はいつもしんがりにいることになるからだ[2]」。こうした例から、アンティフォンは後にフロイトが夢の歪曲や夢の仕事と呼ぶことになるものの存在を認識していたことがわかる。アンティフォンは、ともかくも、夢の顕在的な内容と潜在的な内容とをはっきりと区別している。右に述べたような、アンティフォンが実際に行なった夢解釈についていて印象的なことはといえば、それが明確に合理主義を目指しているという点であり、まさにこの点で、アンティフォンは同時代の予言術から明確に抜きん出ているのである。アンティフォンは、占いを神的な霊感や恍惚状態によって正当化することはせず、これを「賢者による推量」と定義している（断片A九）。

（1）フロイトが古代の夢占いを重視したのは周知のとおりである。この点に関してわれわれは、アルテミドロスの書『夢の解読』がフェステュジエールによって仏訳されている（パリ、ヴラン社、一九七五〔邦訳『アルテミドロス・夢判断の書』、城江良和訳、国文社、一九九四〕）ことを指摘しておきたい。

（2）同断片。ウンターーシュタイナーは、キケロのこのテクスト〔『占いについて』第二巻第七〇章第一四四節〕を、ディールス＝クランツの断片集にはない続きの部分〔第一四五節〕まで収録しており、そこでは第三の例として、アンティフォンが妊婦の夢を解釈しているのが見られる（『証言と断片』第四巻、一六〇頁）。

しかしながら、アンティフォンは夢占い師であっただけではない。アンティフォンは、またおそらくこんにちであれば精神科医と呼ばれるような存在でもあったのであり、「苦悩を除去する技術」（テクネー・アリューピアース）の完成を目指していた。この技術についてはわずかな情報しか伝わっていないが、それはどうやら一種の精神療法であったように思われる。アンティフォンは、自分は苦悩している人びとを「言葉を手段として治療する」（断片A六）ことができると言っていた。アンティフォンは、そうした苦悩の「原因についての情報が得られさえすれば」（同断片）、そのようにして病人を鎮めることができた。この点に関する証言となるテクストにはあいまいなところが残っている。すなわち、ここでその治癒力が利用される言葉というのが、病人の言葉であるのか、医師の言葉であるのかが不明であり、したがって、この療法の本質が一種の精神分析にあるのか、それとも慰めにあるのかが不明なのである。また、苦悩の原因というのも、病人自身が主張する意識的な理由のことであるのか、それとも、医師の側の仮説によって発見される理由のことであるのか、不明である。前述のように、アンティフォンは夢の顕在的な内容と潜在的な内容とを区別することができたのであるから、先の証言で言われていた「情報」というのは、医師のほうが積極的に患者を問いただし、障害の潜在的な原因を見出そうとする活動の結果であったと考えることができよう。「言葉」に関して言うと、われわれはどうしても、アンティフォンの言うカタルシスを、ギリシア悲劇、とりわけソフォクレスの『エレクトラ』に関連づけたくなる。すなわち、『エレクトラ』においては、クリュタイムネストラが「ある夢のために怯えて、その夢を日の出の太陽に向かって語っている。古代注釈者によれば、これは悪夢の成就を避けるための古代人の習慣であった」（ルイ・メナール『古代の多神教について』二五七頁）。そうすると、先の言葉というのは、病人の言うことを指すことになろう。しかしながらわれわれは、ソフィストたちが一般に言説に宿る呪術的な力を信頼していたこと、[1]そしてとりわけアンティフォンが言語についてさまざまな探求を行なったことを知っており、そこからは逆の解釈のほうが正しいということになるのかもしれない。実際、アンティフォンの独創の一つは、言語改造の試みである。アンティフォンは、自分が使う主要概念の大半を、造語、多くは複合語によって表現している。たとえば、アリューピアー〔苦悩を取り除く〕というのはアンティフォンの造語であるし（これは、ウンターシュタイナー『証言と断片』第四巻、二九頁注が指摘している）、アッリュトゥミストン〔構造から自由な、根底〕も、おそらくは同様であろう。あるいはまた、アンティフォンは、既存の語を、意味をずらして利用している。アンティフォンの用語法のこうした特異性は古代の人びとにとって印象的なものであったらしく、その幾つかが彼らによって記されている。[2]こういった理由から、アンティフォンは「言論の料理人（logomageiros）」というあだ名で呼ばれる（断片A一）。アンティフォンが、このように新語・新義使用を行ない、言語の再編成を図ったのはなぜか？　ここでアンティフォンがおおいに強調するのは名前の慣習的な面であり、名前というものは実在の前では消えていくべきであり、あるいはせめてのこと実在のできるかぎり忠実な写しとなるべきなのである。

「実際、目に見える事物が名前から生まれると考えるのはばかげている。さらに、それは不可能なことでもある。というのも、名前というのは慣習の結果生じるものであり、これに対して、目に見える事物のほうはといえば、慣習の結果生じるものではなく、自然の力の産物であるからである。」（断片B一末尾）。

（1）フィロストラトスの証言は、われわれをこちらの解釈のほうへ導くものであろう。実際、フィロストラトスはアンティフォンの弁論上の説得力を、アンティフォンの精神療法と関連づけている（断片A六）。

（2）断片B四、六、七、八、一一、一六、一七、一八、二二、二四aなどを参照。

ところで、すでにその政治思想の場面で見られたように、アンティフォンは、自然に場を空けるために慣習を破壊しようとしていた。同様に、アンティフォンが慣習的な言語を解体し、部族のさまざまな言語にもっと純粋な意味を与えようとしたのは、語られるべき事柄へと至る道をつけようとの意図から発したことであった。すなわち、新たな言語は、自然を語り、衝動を表現できるものでなければならず、そのためには、常套句や、紋切型の表現や、すっかりでき合いのものとなった表現を断ち切らねばならないのである。慣習的な言語とは、万人の言語である。つまり、心の動揺や病気は本質的に個人的なドラマであるが、慣習的な言語でこれを表現することはできない。それゆえ、カタルシスは詩に似てくる。というのも、詩のみが、自然をその深みにおいて語ることができるからである。

以上のアンティフォンの紹介を締めくくるにあたり、なぜ、歴史はこれほどの資質を持った思想家の痕跡をかくも仮借なく抹殺しようとするのか、という驚きを表明してもよいであろう。アンティフォンの人となりについてわれわれが知るところは何もない（そうでなくても、ここでのアンティフォンがもう一人のアンティフォンではなかったということがかろうじて知られているくらいのものである）。それはおそらく、プラトンがアンティフォンの名前を一度も挙げていないからであろう。ところが、すべてのソフィストのうちで最も偉大なソフィストはといえば、おそらくアンティフォンなのである。アンティフォンについてわれわれに伝えられている諸断片は、深い直観的統一性に貫かれている。彼の分析が対象とする主要分野にはくまなく、基盤となる思想、基盤となる力の思想とでも呼びうるようなものが見出される。自然の存在者のさまざまな形態というのは、外形を与えることで、アッリュトゥミストンという発芽能力のある混沌を固定しようと試みるのであるが、アッリュトゥミストンは、絶えず構造からの自由を取り戻すのである。法は、自然の運動を締めつけようと試みるのであるが、自然の運動は、地下で法という殻が破裂するよう仕向けるのである。語というものは、語が命名するもののみが存在するのだと宣言して知覚可能な実在の上に立とうとするのであるが、実在のほうは、実在を囲い込む言葉の網を破り、もう一つ別の言語を作ることで、元の言語を解体するにいたるのである。以上が、自然的生、政治的生、個人的生の秘密なのであり、それはすなわち、表面と根底の間の永遠の戦いなのである。

第八章　クリティアス

I　生涯と著作

クリティアスの生涯を見れば、クリティアスは理論家というよりは、むしろ行動家であったということがわかる。生年は紀元前四五五年頃で貴族の家系に属したが、クリティアスの父親が四百人政権に参加していたことから、これは寡頭政的な傾向をもつ家であるとされている（ウンターシュタイナー『集成』第二巻、一七九頁）。クリティアス自身、紀元前四一五年のヘルメス事件に際しては法廷に喚問されている。クリティアスは投獄されたが、アンドキデスのおかげで釈放された（断片A五）。クリティアスは四百人政権に巻き込まれることはなかったように思われる。そして、クリティアスの戦術は青年貴族のある者たちと同様、民主主義というゲームに参加するのではあるが、その際の方針は人びとにおもねり、みずからの言葉の魔力で投票を左右するというものであったと思われる。たとえば、クリティアスは寡頭政の擁護者であったフリュニコスの遺骸の放逐を要求し（断片A七）、アルキビアデスの召還を勝ち得ている（断片B五）。ウンターシュタイナーは、これに続いてクリティアスはアルキビアデスの失脚に連座したと推測している。すなわち、クリティアスはふたたびテッサリアへの追放に処されているというのである（『集成』第二巻一八〇頁）テッサリア人たちの間にあって、クリティアスの行動はいかなるものであっただろうか？　これに関してわれわれは、クセノフォンおよびフィロストラトスによる相反する二つの証言を有している。フィロストラトスによれば、クリティアスは「テッサリアの寡頭制を以前にもまして苛酷なものにした」（断片A一〇）。クセノフォンが引用するテラメネスによれば、クリティアスはテッサリアで「民主制を樹立しようとしていた」（断片A一〇〔クセノフォン『ギリシア史』第二巻第三章第三六節〕）。ウンターシュタイナーは、まずクリティアスとテッサリアの寡頭派の人びととの間に不和が生じたと推測し、次いでクリティアスの民主派への豹変を、クリティアスの気質に内在する矛盾によって説明している（同上第二巻、一八一頁）。われわれとしては、他ならぬクセノフォン自身が再び明確な形では取りあげていないようなテラメネスの証言は、却下したほうがはるかに論理的であると考える。実際、テラメネスはクリティアスによって、寡頭派政権を裏切ったという罪で告発されているのである。したがって、テラメネスの演説は、自己を弁明するための演説なのであり、客観性を心がけたものなのではない。テラメネスがそこで説得しようとしていることは、民主制への共感を疑われるべきはクリティアスであって自分ではない、ということである。さらにテラメネスが三十人政権により有罪を宣告されたという事実は、テラメネスのクリティアスに対する非難が、テラメネスを除く三十人政権の成員には無根拠に見えたことを示すように思われる。

紀元前四〇四年にスパルタがアテナイに対して勝利を得たことで、民主主義の敗北は公認のものとなった。クリティアスは、寡頭派の大部分の人びとと同様、親スパルタ派であり、『ラケダイモン（スパルタ）人の国制』を起草してその国制を大いに称賛したが、アテナイへ戻ったのも寡頭政権を樹立するためであった（断片B六およびB三二―三七）。実際のところ、この政府は、やがて合議制の僭主政、つまり三十人僭主による僭主制となったが、スパルタ人リュサンドロスの支持を受けつつも、数か月しか存続しなかった、クリティアスは最も過激な寡頭派の一人として知られており、さまざまな残虐行為の下手人となった。まず第一に、前述のように、クリティアスは三十人政権の一人テラメネスを死刑に追い込んでいるが、これはテラメネスの説く政策が自分より穏健なものであったためである（クセノフォン『ギリシア史』第二巻第三章五六節）。次いでクリティアスは、カリクレス（Chariklēs）〔『ゴルギアス』の登場人物・カリクレス（Kalliklēs）とは別人〕およびカルミデスとともに暴力によって寡頭体制に反対する人びとを粛正した。ここに至って真の恐怖政治が君臨し、これは「八か月の間にペロポネソス戦争十年間より多くの犠牲者を出した」とカール・ポッパーは特筆している。[1] フィロストラトスによるとクリティアスはまた、アテナイとペイライエウス港を結ぶ長壁を撤去させたが、この長壁こそは商業国家アテナイの民主主義とその海軍力との象徴の一つであったのである（断片A一）。

（1）『開かれた社会とその敵』――ポッパーの計算では、こうした処刑の件数は「一五〇〇件近くに上り、これはペロポネソス戦争を生き延びた市民総数の約八パーセントに当る」。

しかし、民主派の抵抗が組織化され、これはまた、大量殺戮が呼び起こした恐怖により強化された。トラシュブロスは兵士たちをフュレに結集し、ペイライエウスを包囲した。こうした一連の戦闘の間に、クリティアスは紀元前四〇三年、寡頭体制の転覆および民主主義の復活直前に殺された。

クリティアスの著作としてわれわれに知られているのは、およそ五十の断片にすぎず、それら断片は重要なもの重要でないもの実にさまざまであり、散文で書かれたものも韻文で書かれたものもある。クリティアスの韻文作品の主要なものとしては、『哀歌』、『ラケダイモン（スパルタ）』があり、三つの悲劇『テンネス』『ラダマンテュス』『ペイリトゥス』と、誤ってエウリピデス作とされてきたサテュロス劇『シシュポス』がある。

散文作品では、散逸したものとして、政治演説への「序言」、『アテナイ人の国制』および『テッサリア人の国制』があり、現在まで断片が伝わっているものとしては『ラケダイモン（スパルタ）人の国制』

があり、これは韻文で書かれた同名の作品とは別のものである。しばしば〈一老寡頭派〉の作とされる〔伝クセノフォン〕『アテナイ人の国制』の作者がクリティアスであるともされてきたが、この書物の作者は、おそらくクリティアスでもクセノフォンでもない。クリティアスは、これらの国制論により、アリストテレスおよびその学派と同種の探求の下準備をしていたように思われる。クリティアスの著作としては、ほかに『箴言集』があり、これはウンターシュタイナーによれば（前掲書、第二巻、一八五頁）この分野の嚆矢となったものである。さらには「会話集」、それから散逸した論文「愛や諸徳の本性について」がある。

II 人間学

クリティアスの思想を解く鍵はおそらく、多くの解釈者には逆説的と思われてきた断片にこそ見出される。「善き人びとが善くあるのは、本性によるというよりは鍛練によるのである。」（断片B九）。つまり、一般的にはピンダロスが引き合いに出され、貴族階級者であれば、アレテー〔徳・卓越性〕は自然本性、すなわち生まれによるとするほかはなかったはずだ、と考えられるのが通例である。われわれとしては逆に、クリティアスはこの断片で、自然は人びとの間の平等を教えているとするアンティフォン（アンティフォン断片四四B第二欄）に反論していると考える。すなわち、人間どうしが自然本性によっては平等であるとしても、文化によっては大いに異なるのである。貴族階級の者が他の者から区別されるゆえんは、長く苦しい教育による人間形成なのであり、これは他から課されるものであると同時に、当人がみずからに課すものでもある。この主張に沿ってクリティアスの思想は意志中心主義に向うが、これを追認するのがクリティアスの認識形而上学である。クリティアスは感覚と認識の間に明確な境界線をひく。それゆえに、クリティアスは思惟（グノーメー）（認識主体）と身体がなすさまざまな判別（感覚主体）とを対立させる（「身体によって知覚されるものでもなく、思惟によって把握されるものでもなく」『箴言集』断片B三九）思惟と諸感覚の対立関係は、一と多の対立関係でもある（「諸々の感覚から一つの思惟を区別して」『講話集』断片B四〇）。もう一つ別の断片を見れば、われわれは刻苦勉励という第一のテーマを思惟の理論に結びつけることができる。

「君が洞察力のある思惟を持つように自分を鍛えるならば、君はそれらの為すことから害を受けることが非常に少なくなるであろう。」（断片B四〇）。

ここで「それらの為すことから」というのが指すのは、おそらくは諸感覚のことであろう。それゆえ、鍛錬によりグノーメー〔思惟〕がより強力かつ鋭利になれば、これは感覚が訴える多くの事柄を統御することができるようになる。思惟と感覚の区別は、後代の魂と身体の区別とは別のものである。というのも、アリストテレスによれば、クリティアスにとって魂というのは本質的に感覚する能力であるが、感覚は血液によって産み出される以上、魂とは血液であるということになる（断片A二三＝アリストテレス『魂論』第一巻第二章第二節四〇五b五）。したがって、生命の能力としての魂は、身体から区別されるものではない。クリティアスがこのように、魂とはすなわち血液であると唱えたからといって、クリティアスの人間学を唯物論と裁定していいということにはならない。なぜならすでに見たように、魂より上位に、魂とは異なるものとしてグノーメー〔思惟〕があるからである。

ウンターシュタイナーは、グノーメ〔思惟〕をトロポス（tropos）すなわち「性格」〔断片B二二参照〕と関連づけることを提案しており、その場合、性格とは思惟の「具体的な現われ」であるということになろう（『集成』第二巻、二〇四頁）。そうすると、クリティアスの場合、その性格理論は彼の人間観と政治観とを結ぶ縫合線であるように思われる。つまり、クリティアスはスパルタやその戦士教育、スパルタの慣習、スパルタの国制を崇拝していたが、その元には彼の性格理論があったわけである。

Ⅲ　政治思想

アンティフォンは、法の弱さと自然の強さとは相対立するものとみた。クリティアスは前述のとおり、自然の自発性を犠牲にして意志的な人間形成の努力を称揚するのであるが、彼は法の脆さを性格と対立するものと見ており、法は弁論術によってあらゆる方向に向け変えることができるのに対して、性格は誰のもとに存在するにせよ、揺るぎないものなのである。悲劇『ペイリトゥス』の一断片はこの点をきわめて明瞭に主張している。

「高貴な性格は法よりも堅固なものである。というのは、高貴な性格は、どんな演説家もけっしてこれを動転させることはできぬが、これに対して法はといえば、しばしば演説家がこれに害を加えることがあり、演説でこれをすっかり転倒させてしまうことがありうるからである」（断片B二二）。

注意すべきは、ここで問題になっているノモス〔法〕というのは民主主義下の法のことであり、つまり民会での討論の結果成立するものであり、民衆の投票により可決されるものだということである。それゆえ、右に挙げた断片には政治的な側面とともに、争論的な意味合いも備わっている。すなわち、ここで考えられているのは、ソクラテス――クリティアスはその教えに従ったのである――が、白豆と黒豆を使って行なわれる籤による統治に対する非難のことである（クセノフォン『ソクラテスの思い出』第一巻第二章第九節〔前掲邦訳、二八頁〕）。法がさまざまな点で不安定なのは、大衆には性格が欠けていてあらゆる方向にたわみがちであるという事態の現われなのである。

性格（トロポス）というものが、群衆のものではない以上、それはまさしく個人に固有の特性なのであり、その個人とは衆にすぐれた人間として法を越えたところに位置し、それゆえ自分の法はもっぱら自分自身からのみ受け取る存在なのである。A・バッテガッツォーレは、「これらの詩句は、クリティアスの口から出たものとしては、紀元前四〇三年のクーデターを公然と告げているものである」とまで言う（ウンターシュタイナー『証言と断片』第四巻、三〇一頁注）。クリスティアスは、人類が、後代には自然状態と呼ばれることになるようなところへ回帰することを要求していたと言うべきであろうか？――そうではない。社会には法が必要である（断片B二五冒頭参照）。しかし、その法を課すのは貴族階級の者であり、その不屈の性格が法の安定性を保証するのである。

最後になったが、『ペイリトゥス』の断片が示す反ソフィスト的な側面を強調しておくべきであろう。クリティアスは、ゴルギアスには馴染みの、言葉が全能であるという考え方には暗に抵抗しているのである。言葉に備わる呪術的な魔力は、真の性格、すなわち高貴な人間に備わる啓蒙された意志に対しては何事もなしえない。それどころか、トロポス〔性格〕が卓越しているか否かの基準は、言葉に対して抵抗する術を知っているかどうかというところに存するのである。弁論術というイミテーションが通用する相手は民衆だけである（断片B五二参照）。

法への批判は『シシュフォス』の有名な一節で遂行され、そこでのクリティアスの分析によれば、宗教は、各人が自己抑圧するように仕向けるために、奸智により神々を発明したのである。この驚くべき断片は、アンティフォンが行なった、自然および法それぞれの価値の分析に対する反論であると思われる（アンティフォン断片B四四a）。アンティフォンは自然が法に優越することを率直に表明したが、それは自然の命法が必然的なものであるのに対して、法の命令は慣習的なものであるからである。クリティアスは、巧妙な議論により、アンティフォンの言う条件の下では社会生活は不可能になってしまうであろう、と言い、それというのも、法はすべての市民を絶えず監視しているわけにはいかず、そうすると悪人は「隠れてこっそり振る舞う」(断片B二五、詩句第一一行)ことになるからであると主張した。ところで、人間のヒュブリス〔傲慢〕は、これを抑えることが必要である(同断片、詩句第七行)。そこで、クリティアスは法がアンティフォンの想像以上に強力なものであること、そして、法が自然を抑えうることを発見した。実際、ある日「抜け目がなく、思惟の上で賢明なある人間が、死すべき人間どものために神々への畏れというものを発明した」(同断片、詩句一二―一三行)。

神々の全知から見るならば、人間はつねに裸である。いかなる隠し立ても不可能である。人間が神々を畏れるかぎり、悪人は悪事を差し控えるのである。たしかに、ここではまだフロイトのいう意味での取り入れが語られているとは言えない。すなわち、ここでの神話的な語り口にあっては、神的なダイモン〔神霊〕は、見る目と聞く耳を備えている以上、いわば人間の外部に位置していることになる(同断片、詩句一七―一八行)。しかしながら、ここではすでに畏れの感情を媒介として(同断片、詩句三七行)法の内面化といったことが語られているのであり、そのことがクリティアスの分析にきわめて現代的な色彩を与えているのである。

クリティアスのこの立場は一見明晰なものであるが、ここには少なくとも二つの問題が付きまとっている。すなわち、宗教を社会的にどう位置づけるかという問題と、神々の発明者は誰かという問題とである。

クリティアスのテクストは、古代における無神論の発現の例としてしばしば引用される。それはたしかに、神々の実在に関する完全な懐疑主義を明白に表現してはいる(ここからクリティアスの無宗教を抽出し、さらにそこからクリティアスがヘルメス事件にどう関与していたかを推定することができるかもしれない）。しかし、だからといって、クリティアスが宗教を決定的に断罪し、のちのマルクスのように宗教を人民の阿片としてしか見なかった、とは言えない。逆にクリティアスは、神々への信仰が社会には必要であり、社会に好都合な効果をもたらすものである、ということを強調している（同断片、詩句第四〇行）。神々というのは虚構であるが、有用な虚構なのであり、まさにこの有用な虚構というテーマによって、クリティアスはニーチェの直接の先駆者となっているのである。したがって、宗教は権威を奪われると同時に賞賛されてもいる。すなわち、政治の下僕と成り果て、そればかりか本来の意味における宗教的な内容のすべてを喪失してしまっていても、宗教はやはり必要不可欠なものなのである。

しかし、神々の発明者とは誰のことなのであろうか？　おそらくはソフィストであろう。なぜなら、神々の発明者が教えることとは「あらゆる教えのうちで最も快いもの」（断片B二五、詩句第二五行）であり、そして発明者は何事をも強制することなく、そのように説得し（詩句第四一行）、「虚偽の言論を用いて真実を隠す」（詩句第二六行）からである。したがって、従来この一節が、ゴルギアス説に引き付けて理解されてきたのは正当であったといえる（J・P・デュモン、前掲書、一二一二頁注三）。しかしながら、歴史的に実在したソフィストは、ほんとうに、神々への信仰を喚起もしくは復興するべく、みずからの才能を駆使したのであろうか？　プロタゴラスは、いずれにせよこの点については不可知論を表明していた（断片B四）。プロディコスはというと、おそらくソフィストたちのうちではいちばん宗教的な人物であり、その見方によれば、神々は、発明された者というよりはむしろ発明する者である（断片八四B五参照）。したがって、神々の発明者は、ソフィストの術を利用してはいるが、自分自身はむしろ政治家なのであり、それもクリティアスの理想に近い政治家である。というのも、この発明者は前述のグノーメー〔認識〕（断片二五、詩句第一二行）を有しているからである。

したがって、このテクストにはまったく矛盾はない。それが宗教に対して賛意とともに反対も表明しているように見えるのは、神々の発明者の視点が民衆の側にあったり統治者の側にあったりという具合に、交替するためであり、そうなった理由は、神々の発明者であるこのソフィストが、民衆には神の存在を信じるように、政治家には神の存在をいっさい信じないように、説得しなければならなかったからである。

結局のところ、クリティアスの思想は、従来言われてきたような、矛盾の塊といったものではないように思われる（例えば、ウンターシュタイナー『集成』第二巻、二〇八頁）。クリティアスの思想にある貴族主義的な偏見は、実生活における寡頭派寄りの政治参加とあいまったものであった。たしかに、クリティアスが次のように述べるときには、実在についての矛盾対立論法的な見方が表明されているように見える。すなわち、「男たちの間にあっては最も容姿が美しいのは女であるが、逆に女たちの間にあって最も容姿が美しいのは反対の性の者である」（断片B四八）。しかしながら、この断片は、存在が根本的に二重であるということを明確に主張しているわけではない。クリティアスについてわれわれが知っているところからすると、この断片が示唆するのはむしろ、支配という考え方である。すなわち、ここで美しいものというのは、みずからのうちに存在する女性的諸特徴を支配する男性なのであり、また、みずからのうちに存在する男性的諸特徴を支配する女性なのである。まさに、これと同じく、思惟による諸感覚の支配は美しく、また、善人による悪人の支配、すなわち（クリティアスによれば）寡頭派による民衆の支配は美しいのである。対立する二者間の緊張がなければ、いかなる美もなく、そこにあるのは優美さを欠いた混合物にすぎない。これはたしかに、矛盾をことととする思想ではあるものの、その矛盾にあっては、対立する二者のうちの一方が勝利することによって、同一方向への安定が成し遂げられているのである。ここでいう勝利とは、支配者スパルタ人と被支配階層へイロータイについての断片が示すように、絶えざる警戒によって、つねに確立されているものである。

（断片B三七）。

結論

これまで再構成を試みてきた諸説はきわめて多様で、それぞれはっきりした独創性を示すものであるから、われわれとしては、ここから唯一の思想体系を特徴づけるわけにはいかない。かりにそのような思想体系がほんとうにあるとすれば、その名前は「ソフィストの術」となり、これは「哲学」に対抗するものとなるかもしれないが、そのようなものは実際には存在しない。ソフィストの術の唯一の本質を捉えるために、プロタゴラスとゴルギアスの混成物、またプロディコスとトラシュマコスの混成物やヒッピアスとアンティフォンの混成物を作り上げるのは学問的には不可能である。なぜなら歴史上のソフィストたちは、学説の次元で実にしばしば対立してきたからである。

ソフィストの思潮に統一性があるとすれば、それはむしろ外面的な統一性であり、これは一種の社会的地位として示されるものである。すなわち、ソフィストたち目指していたのは、自分たちの提供するものを利用者と直接清算によって交換する教育者および知者であった。その思想について言うと、ソフィストの思潮というのは一つの様式をなすものではない。こうした事情があるのにもかかわらず、それでもなお、ソフィストの思潮を一枚岩のものとして、同じく一枚岩のものと見なされた哲学に対置することができるのであろうか? 結局、このようにそれぞれを十把一からげにしたうえでの対立関係は、プラトン哲学が作り上げたものにほかならず、これはプラトン哲学から見れば正当なものであるが、しかし、プラトンの立場はけっして公平無私な哲学史家のそれではない。

したがって、ソフィストたちは、他のソクラテス以前の思想家たちとまったく同様に、個別の研究対象とされたうえで、本来の意味における哲学史に再統合されるべきであろう。さらに、ソフィストたちによって表明された主張の多くは、後代の哲学者たちにふたたび取り上げられ、彼らの思想上の努力を見れば、ソフィストたちを単なる山師、もしくは錯覚の製造者にして商人（プラトン『ソフィスト』二三一D参照）などと非難できなくなる、ということをわれわれはこれまでの論述で示しえたと考える。たとえソフィストたちの使う概念が、しばしばプラトン＝アリストテレス哲学に出てくる概念とは異なるにせよ、われわれはソフィストを非合理主義の教師と見なすことはできない。近代哲学が、ソフィストたちをそれまでとどめ置かれてきた疎外状況から救い出せたのは、おそらく近代哲学では、理性がもっと広く、かつ包括的に理解されるようになったためであろう。アリストテレスはホメロスのことを、ヘクトルは一撃を食らって倒され、「異様な思惟を働かせつつ（allophroneonta）」横たわっていた、と語ったというかどで非難している（ホメロスが実際に語っているのは、ヘクトルではなくエウリュアロスのことである『形而上学』第四巻第五章一〇〇九b二八〜三〇）。アリストテレスは、アッロフロネイン（異なる思惟）を、パラフロネイン（不正常な思推）としてのみ、見なそうとしているのである。しかし、このように理性を絶対視する見方は、ギリシア本来のものなのであろうか？　ホメロスの例は、その逆を証明しているように思われる（デモクリトスもこの例を踏襲している点は、アリトテレス『魂論』第一巻第二章四〇四a三〇参照）。すなわち、ホメロス的な考え方からすれば、ソフィストたちの思考は、プラトン＝アリストテレス的な理性とは異なる理性と見なされはするが、没理性や、没精神とは見なされなかったであろう。アンティステネスは、人は無を言う（何も言わない）ことはできず、ただ、求められていたのとは異なることを言うことができるにすぎない、と考えた。ソフィストたちのギリシア精神は、ソクラテス以後の哲学者たちのギリシア精神とは異なることを語っているにせよ、その言葉は無なのではなく、その精神は怪しげな放浪者のように〈非存在〉をこととして、われわれを真理から遠く逸脱させてしまうものなのではない。ギリシア精神は一致団結したものではなく、相互に対立する多くの流れがこれをよぎっているのである。そして、そのテクストのうちには、保存されたものもあれば散逸したものもある、といった事情のために、われわれはえてしてギリシア精神のある面を顧ることなく、別のある面だけを優遇しがちである。したがって、不幸にも断片としてしか残されていない文書の数々から囁きかけてくるさまざまな声に、できるかぎり言葉をふたたび投げ返してやることで、現代のわれわれの見方を修正していくべきなのである。このようにしてこそ、ギリシア思想を読み解くにあたって均衡回復を図ることができるのであり、こうした均衡の回復は、現代の文献学および哲学の忍耐強い作業によって、いまや所々可能になっているのである。この作業は完了にはほど遠く、次のように言っても不遜とはとられないであろう。すなわち、いまだギリシアは遠い！

訳者あとがき

本書は、Gilbert Romeyer-Dherbey, *Les Sophistes* (coll.«Que sais-je ?»n° 2223, P.U.F.,1985) の全訳である。

原著者・ロメイエ＝デルベ氏は、一九五六年エコール・ノルマルを修了、一九五九年に哲学の教授資格を、一九七八年には博士号をそれぞれ取得されている。その後、ディジョン大学、ボルドー第三大学を経て、現在パリ第四大学（ソルボンヌ）の古代哲学の教授の職にある。あわせて、国立学術研究所のレオン・ロバン記念・古代思想研究センターの長として、アリストテレスの『魂論』や『ニコマコス倫理学』、エピクロス哲学などに関して、共同研究を組織し、その成果を編著の形でまとめるなど、現今のフランスの古代哲学研究の指導的役割を果たしておられる。著書としては、本書の他に、次のものがある。

Maine de Biran, ou le penseur de l'immanence radicale, Paris, Seghers, coll. «Seghers Philosophie», 1974.
Présentation de Condillac, Le Commerce et le Gouvenement, Paris-Genève, Slatkine, coll.«Ressources», 1980.
Les choses mêmes La pensée du réel chez Aristote, Lausanne, L'Age d'Homme, coll. «Dialectica», 1983.（本書の第一章は、「ソフィスト」論に当てられている。また本書により、道徳・政治科学アカデミー・一九八四年度ヴィトル・クーザン賞を受賞）。

これらの業績を見ると、古代哲学のみならず、近世哲学にも専門的関心を持つ、フランスにしばしば見られるタイプの広い学識を備えた研究者の一人であることがわかる。ちなみに、本書の翻訳は、業績にも挙げられているメーヌ・ド・ビラン研究を機縁として、彼のもとで在外研究をされた東京大学の松永澄夫教授のご推輓によるものである。

さて、本書の特徴は、一言でこれを表現するなら、哲学史上「反・哲学」の汚名を着せられてきた「ソフィスト」の名誉回復をはかること、しかも、そのような汚名を挽回するにあたって、その原因ともなってきたプラトン＝アリストテレスによる西欧哲学史の主流をなす見解と対峙する何か「一枚岩の」思潮としてではなく、それぞれに個性のある多様な、二重の意味で「異なる」（つまり、プラトン＝アリストテレスの理性理解と「異なる」だけでなく、相互にも「異なる」）見解としてソフィストの思考を提示することである。事実、プロタゴラスやゴルギアスに比較的多くの頁が費やされているのは、彼らの重要性から見て当然であるが、従来比較的考察されることの少なかった、ヒッピアスとアンティフォンに関する本書の充実ぶりは、同種の解説書としては異例であるように思われる。それは、ヒッピアスにおいて、性格論や幾何学といった異なる分野に一貫してその連続的自然観を認めることで、彼のうちに体系的思索を見出し、またアンティフォンにあっては、「構造から自由なもの（アッリュトゥミストン）」という無構造の自然のうちに万物の根底を見据える独自の思想家として、彼を捉えようとする著者の意気込みが感じられる（もっとも、その意気込みは、「構造から自由な者（アッリュトゥミストス）」という一種の無制約な神的存在を要請するにまで至るが、その行き過ぎが最近のペンドリックの注釈書〔参考文献参照〕から批判を招くこととなった）。

その意味で、この分野における標準的業績であるガスリー『ギリシア哲学史・第三巻「五世紀の啓蒙運動」』（一九六九年）所収の「ソフィスト」論やカーファード『ソフィスト運動』（一九八一年）が、いずれも争論術や弁論術による「弱論強弁」、また言語の起源や法・正義に関する「契約的社会観」、あるいは道徳および認識に関する「相対主義」、さらには神観念における「不可知論」といった共通の特徴をソフィストのうちに見出そうとするのに対して、その研究態度において著しい対照をなしている。さらに、トゥキュディデスやエウリピデスにまでも見出される理性的現実感覚に根ざした同時期の人間観の典型として、ソフィストを文化史的に位置づけるフリードリヒ・ソルムゼン『ギリシア啓蒙期の知的実験』（一九七五年）やジャクリーヌ・ド・ロミーイ『ペリクレス時代のアテナイの大ソフィストたち』（一九八八年）とも、方向性を異にしている。

けれども、そのような個々のソフィストの業績の独自性を強調することには、ある種の困難がつきまとっている。というのも、その多様性をあまりにも強調しすぎれば、彼らを一括して論じる理由を失うからである。そのような意味において惜しまれるのは、著者が「ソフィスト・ソクラテス」をその考察のリストに入れなかったことである。あるいは「ソフィスト・ソクラテス」などというと、奇を衒った発言と思われるかもしれないが、現に先のカーファードの著書においても、ソクラテスが喜劇作家・アリストファネスや弁論家・イソクラテスなどから、「ソフィスト」と見なされていた事実を解明することの重要性が指摘されているからである。つまり、プラトンの初期対話篇は、ソクラテスに対するソフィストの嫌疑を晴らす試みだったとも言えるのである。その点から、もう一人本書に不在の登場人物として名を挙げなければならないのは、カリクレスである。この『ゴルギアス』の登場人物は、しばしばそれが歴史的に実在した人物かどうか考察がなされているが、この対話篇の構成からして架空の人物、いわば「純粋のソフィスト」——これはプラトンの立場からして形容矛盾であるが——として提示されているように思われる。本書の著者は、ウンターシュタイナーの仏訳（参考文献参照）に寄せた序文で述べているように、カリクレスは「『ゴルギアス』の論議の節約のために役割を果たすべく、プラトン自身によって創造された文学上の人物であり、カリクレスをプラトンの考えに対置するのは、プラトンをプラトン自身に対置するに等しい」。だが、プラトン哲学の軛《くびき》からソフィストを解放する意味でも、いわばソフィストという（著者の立場からすれば）虚像にまさにその像を結ばせている「虚焦点」として「カリクレス」を「哲学者・ソクラテス」との対比において考察する——つまり、「プラトンをプラトン自身と対峙させる」——必要があったと思われる。

本書における不在ばかりをことさら言挙げしていると思われるのは、訳者として本意ではない。本書の意義を高く評価する立場から、その欠落を惜しんでのことである。そう断った上で、それとは反対にむしろ評価されるべき本書における不在を指摘すれば、通常ソフィストとして挙げられるエウテュデモスとディオニュソドーロスのことである。彼らはプラトンの『エウテュデモス』の登場人物で、そこでは兄弟とされているが、その実在性に関してはさまざまな議論を呼んできた。最近では、ソクラテスの弟子であった、エウクレイデスの流れをくむ「メガラ派」との関連性が示唆されている。とすれば、『エウテュデモス』の影響が顕著なアリストテレスの『ソフィスト的論駁』における「ソフィスト」も、「メガラ派」との関係を考慮に入れる必要があることになる。それは「争論術（エリスティケー）」というソフィストに特有の詭弁的論駁法が、ソフィスト全般ではなく、特定の学派との関係で考察されなくてはならない可能性を示唆するものである。その点で、（スプレイグ『古ソフィスト』〔参考文献参照〕とは違って）本書の考察から、エウテュデモスとディオニュソドーロスが結果的に外されたのは、賢明な選択であった。

さて、本書の著者にあって、ソフィストを一つのまとまりにおいて論ずる最終的な拠り所は、先の序文を手がかりに推察すると、ソフィストたちの文体に含まれる言語観のうち求められているように思われる。それに関して、デルベ氏は次のキケロの『弁論家』の六五節を引用している。

彼ら〔ソフィスト〕は、極めて明確な比喩を用い、画家が多彩な色を駆使するように、それらを配置する。つまり、彼らは似たものを組み合わせ、相反するものを対置し、しばしば終端を同様にそろえる。

ここで、「似たものを組み合わせる」というのは、絵画において色調を合わせるように、対応する事態を並行的に論じることを、また「相反するものを対置する」というのは、明暗の対比をつけるように、対比的な論法を行なうことを、さらに「終端を同様にそろえる」というのは、事物の輪郭を明確にするように、ゴルギアスの語法に見られるような文の終わりの語句をそろえる語り方を、それぞれ表わしているという。これは、アニエス・ルヴェレ『古代絵画の歴史と虚構』（ローマ、一九八九年）によれば、それぞれ当時の古代の絵画技法に基づいたものであるという。そしてデルベ氏は、この見解を敷衍して、プラトンやアリストテレスが、古代の「陰影画法（スキアグラフィアー）」および後これと密接に関連する「騙し絵」的な「背景画法（スケーノグラフィアー）」と関連させて、特定の視点からの制約された視野と類比的に、制約された見解として、ソフィストの論法を批判していることを指摘する。そして、まさに、その点で、つまり「言語とは、ものを特定の観点から見えさせる方式である」という言語観において、ソフィストは徹底していたと考えるのである。しかも、視点が空間的なものであるとすれば、「好機（カイロス）」はその時間における対応物であり、感情は言語表現においてまさにそのような「好機」と密接に関わるという（こう規定するとき、著者の念頭をハイデガーのことが掠めなかったか、筆者には興味のあるところである）。もちろん、そのような言語的な側面だけから、ソフィストの共通の性格を規定することはできないかもしれないが、少なくともその重要な要件であることは確かであるように思われる（この点で、『プラトンと反遠近法』の著者として、筆者はデルベ氏との意外な思考の共通性を発見したことを言い添えておきたい）。実際、後のローマ期における「第二ソフィスト運動」において、このような言葉のもつ絵画的効果が強調されることとなるのである。

引用文中の断片の番号は、「ソクラテス以前の哲学者」に関しては、ディールス・クランツ編集による集成の番号に従った。これにはDKの略号を用い、Aは「証言」を、Bは「断片」を指している。また、『ディオゲネス・ラエルティオス』からの引用についても、DLの略号を付した。これらの文献には幸い、内山勝利編訳『ソクラテス以前哲学者断片集』五分冊および別冊（岩波書店、一九九六～八年）、および、加来彰俊訳『ディオゲネス・ラエルティオス、ギリシア哲学者列伝』上・中・下（岩波文庫）の信頼の置ける邦訳がある。そのうち各ソフィストの断片の翻訳に関しては、これらの邦訳を参照しながら、原文より翻訳した。ただし、前後の文脈や原著者の解釈に基づいて、必ずしも当該の訳文通りでないことをお断りしておく。また、プラトンやアリストテレスなどの引用箇所については、慣例となる引用方式で示したが、これらはほとんどの翻訳に付されているので、参照に支障はないと思われる。その他引用文献に関しては、巻末の文献表を参照されたい。

注に関しては、原注は引用箇所の指示など短いものは、なるべく本文中に丸括弧で繰り入れ、長い注はそれぞれの節ごとに数字で示した。また、訳注その他訳者による補いは、〔 〕括弧の内に繰り入れた。さらに、本文中に添えられたギリシア語表記は、一部原著者も混用しているローマ字表記に統一した。

本書の翻訳は上述のように、もともと筆者に対して松永澄夫教授が勧めて下さったものであるが、その時点からすでに十年以上を閲してしまった。もはや病気その他身辺の多忙を理由とするのも憚られるような、この長きにわたる遅延に対して、同教授ならびに原著者・デルベ氏にお詫び申し上げたい。また、筆者の多忙のため、途中から共訳者として加わって頂いた小野木芳伸氏には、早くに訳文を詳しい訳注と共に用意して下さったにも拘わらず、とくに訳注に関して、紙面の都合でその多くを割愛せざるをえなかったことを、筆者の怠惰による今日までの遅延と併せて、お詫びしなければならない。また、訳文の最終的な責任が筆者にあることも、それと関連して明記しておきたい。

また、訳文の入力に関して、東京都立大学人文学部哲学科・修士課程の稲津阿育《あそか》・寺本稔の両君、および娘・紗明《さやか》の協力を得たことを記し、感謝を表したい。さらに、もう何代目かも判然としない状態で担当者となられた白水社の和久田頼男氏には、筆者が四月から職場の大学の評議員に選出されるというアクシデントもあり、土壇場での度重なる原稿の遷延で一方ならぬご苦労をお掛けした。感謝と共にお詫びを申し上げたい。

二〇〇三年五月一一日

神崎　繁

参考文献

I Textes et traductions

Diels, H., et Kranz, W., Die Fragmente der Vorsokratiker, Berlin, 1934-1938.——この邦訳として，内山勝利編訳『ソクラテス以前哲学者断片集』五分冊および別冊（岩波書店，1996〜8）があり，その第五分冊がソフィストの断片集となっている．

Freeman, K., Ancilla to the Pre-Socratic philosophers, Oxford, 1946.

Untersteiner, M., Sofisti, testimonianze e frammenti, Firenze, La Nuova Italia, 1949, 4 fasc. (texte grec et trad. ital., notes). ——本文においては『証言と断片』と略記して，引用箇所を示した．

Gernet, L., Discours d'Antiphon, Paris, Belles Lettres, 1954, pp.171-183 (les fragments d'Ant. le Sophiste sont très incomplets).

Dumont, J.-P., Les Sophistes, fragments et témoignages, PUF, 1969 (trad.franç.).

Kent Sprague, R., The Older Sophists, Columbia Univ. Press, 1972.

Poirier, J.-L,. Les Sophistes, trad. franç., dans Les Présocratiques, Paris, Gallimard, coll.«La Pléiade», 1988, p.979-1178.

II Etudes critiques

Adorno, F., La filosofia antica, Milano, Feltrinelli, 1991; t. I, p.98 sq.

Barnes, J., The Presocratic Philosophers, London, 1979.

Bayonas, A., L'art politique d'après Protagoras, Revue philosophique, 157 (1967), p.43-58.

Baccari, Le dottrine politiche dei Sofisti, Torino, 1930.

Bignone, E., Studi sul pensiero antico, Napoli, Loffredo, 1938.

Bollack, J., Les Sophistes, dans Athènes au temps de Périclès, coll.«Age d'Or et Réalités». Paris, 1963, p.210-229.

Cassin, B.,édite le collectif Le plaisir de parler, études de sophistique comparée, Paris, Ed. de Minuit, 1986.

Cassin, B., édite le collectif Positions de la sophistique, Paris, Vrin, 1986.

Classen, J.-C., édite le collectif Sophistik, Darmstadt, 1979.

Croiset, A., Les nouveaux fragments d'Antiphon, Revue des Etudes grecques, 1917, p.1-19.

Decleva Caizzi, F., Le fr.44DK d'Antiphon et le problème de son auteur, dans E archaia Sophistikè, Athena, 1984, p.97-107.

Decleva Caizzi, F., Ricerche su Antifonte, dans Studi di filosofia preplatonica, Bibliopolis, 1985.

Decleva Caizzi, F.,et Bastianini, G.,«Antipho», Corpus dei papiri filosofici greci e latini vol. I, p.176-222.

Dodds, E.R., Plato, Gorgias, a revised text with Intr. and com., Oxford, 1959.

Dupréel, E., Les Sophistes. Protagoras, Gorgias, Prodicus, Hippias, Neuchâtel, Ed. du Griffon, 1948.

Grote, G., A History of Greece, Londres, John Murray, 1869, VII, 151-204.

Guthrie, W.K.C., The Sophists, Cambridge Univ. Press, trad. franç. de J.-P. Cottereau, Les Sophistes, Paris, Payot, 1976.

Harrison, E. L., Plato's manipulation of Thrasymachus, Phoenix, 1967, p.27-39.

Hegel, Leçons sur l'Histoire de la Philosophie, trad. franç. de P.Garniron, Paris, Vrin, 1971, t. II, p.239-272.

Heinimann, F., Nomos und Physis, Bâle, Reinhardt, 1945.――邦訳として，F・ハイニマン『ノモスとピュシス――ギリシア思想におけるその起源と意味』廣川洋一・玉井治・矢内光一訳（みすず書房，1983）がある．

Isnardi-Parente, M., «Egualitarismo democratico nella sophistica?», Rivista critica di storia della filosofia, XXX(1975), p.3-26.

Isnardi-Parente, M., Sofistica e democrazia antica, Firenze, Sansoni,1977.

Jaeger, W., Paidéia, trad. franç. A. et S.Devyver, Paris, Gallimard, 1964, t. I. p.333-381.

Kerferd, G.B., The Sophistic Movement, Cambridge, 1981.

Kerferd, G.B., édite le collectif The Sophists and their Legacy, Wiesbaden Steiner, 1981.

Lana, I., Protagora, Torino, 1950.

Levi, A., Un retore semi-sofista : Trasimaco di Calcedone, Lodi, 1940.

Levi, A., Storia della Sofistica, Napoli, Morano, 1966.

Luria, S., Antiphon der Sophist, Eos (1963), p.63-67.

Migliori, M., La filosofia di Gorgia, Milano, 1967.

Milne, M. J., A study in Alcidamas and his relation to comtemporary Sophistic, 1924.

Momigliano, A., Prodico di Ceo e le dottrine del linguaggio da Democrito ai Cinici, R. Accad. delle Scienze di Torino, 65 (1929-1930), p.95-107.

Morrison, J.S., The Truth of Antiphon, Phronesis, 8 (1963), p. 35-99.

Raoss, M., La teoria di Crizia sull'anima, Atti dell'Acc. Roveretana degli Agiati, Rovereto, 1957, p.97-130.

Roland de Renéville, J., L'un multiple et l'attribution chez Platon et les Sophistes, Paris, Vrin, 1962.

Ramnoux, C., Nouvelle réhabilitation des Sophistes, Revue de Métaphysique et de Morale, janvier-mars 1968.

Romeyer Dherbey, G., Les choses mêmes. La pensée du réel chez Aristote, Lausanne, Ed. L'Age d'Homme, coll.«Dialectica», 1983, chap. I, p.45-72.

Romeyer Dherbey, G., Le discours et le contraire, Les Etudes phillosophiques, 4 (1970), p. 475-497.

Romeyer Dherbey, G., Dictionnaire des Philosophes, PUF, 2ᵉéd., articles «Antiphon», «Hippias», «Lycophron», «Prodicos».

Romilly, J. de, Gorgias et le pouvoir de la poésie, Journal of Hellenic Studies,

Vol.XCIII (1973), p.155-162.
Romilly, J. de Les grands Sophistes dans l'Athènes de Périclès, Paris, de Fallois, 1988.
Rossetti, L., Rhétorique des Sophistes. Rhétorique de Socrate, dans E archaia Sophistikè Athena, 1984, pp.137-145.
Untersteiner, M., I Sofisti, seconda edizione con un Appendice su Le origine sociali della Sofistica, Milano, Lampugnani Nigri, 1967, 2vol.:trad. angl. de la 1re éd. (1948) par K.Freeman. The Sophistes, Oxford, Blackwell, 1954.――本文においては『ソフィスト集成』もしくは単に『集成』と略記して，引用箇所を示した．
Untersteiner, M., Les Sophistes, trad. franç., de la seconde éd., par Alonso Tordesillas, avec une préface de G. Romeyer Dherbey, Paris, Ed. Vrin, 1993; 2 vol.――これは上記の仏訳版で，原著者デルベ氏の序文が付されている．
Vollgraff, W., L'oraison funèbre de Gorgias, Leiden, 1952.
Zeppi, S., Protagora e la filosofia del suo tempo, Firenze, 1961.
Zeppi, S., Studi sul pensiero etico-politico dei Sofisti, Roma, 1974.

＊＊＊＊＊

〔訳者による文献の追加〕

本書刊行後，アンティフォンに関して，弁論家・アンティフォンとソフィスト・アンティフォンを同一人物とするガガーリンと，別人物とするペンドリックの対照的な次の諸著作が刊行された．

Michael Gagarin, Antiphon, The Speeches (Cambridge, 1997)
Michael Gagarin & D.M.MacDwell, transl., Antiphon and Andocides (Austin, 1998).
Gerard J. Pendrick, Antiphon the Sophist - The Fragments (Cambridge, 2002).

また，ソフィストに関してまとまった邦語文献は，次のものだけである．

田中美知太郎『ソフィスト』(講談社学術文庫，1976年)．

さらに，ソフィストを含む当時の知識人の経済生活を考察した興味深い一章が，次のものに含まれている．

藤縄謙三『ギリシア文化の創造者たち』(筑摩書房，1985年)．

最後に，プラトンがソフィストをどう捉えたかということについては，次に詳しい．

納富信留『ソフィストと哲学者の間』(名古屋大学出版会，2002年)．

訳者略歴
神崎繁
一九五二年生
東京都立大学教授
主要著書
『プラトンと反遠近法』
『ニーチェ』
小野木芳伸
一九六二年生
中部大学非常勤講師
主要論文
「存在への生成——プラトン『ピレボス』23C-27C」

ソフィスト列伝

二〇〇三年五月二五日 印刷
二〇〇三年六月一〇日 発行

訳者© 神《かん》崎《ざき》繁《しげる》
　　　小《お》野《の》木《ぎ》芳《よし》伸《のぶ》
発行者 川村雅之
印刷所 株式会社平河工業社
発行所 株式会社白水社

東京都千代田区神田小川町三の二四
電話 営業部〇三(三二九一)七八一一
　　 編集部〇三(三二九一)七八二一
振替 〇〇一九〇—五—三三二二八
郵便番号 一〇一—〇〇五二
http://www.hakusuisha.co.jp
乱丁・落丁本は、送料小社負担にてお取り替えいたします。

製本：平河工業社

ISBN4-560-05862-8

Printed in Japan

Q 哲学・心理学・宗教

1 知能
9 青年期
13 実存主義
25 マルクス主義
52 精神力とは何か
95 性格学
107 世界哲学史
114 プロテスタントの歴史
115 精神分析
149 カトリックの歴史
193 哲学入門
196 道徳思想史
199 秘密結社
228 言語と思考
236 感覚
252 神秘主義
326 プラトン
362 ヨーロッパ中世の哲学
368 原始キリスト教
374 現象学
400 ユダヤ思想
401 エジプトの神々
415 新約聖書
417 デカルトと合理主義

---

426 プロテスタント神学
438 カトリック神学
444 旧約聖書
459 現代フランスの哲学
461 新しい児童心理学
464 人間関係
468 構造主義
474 無神論
480 キリスト教図像学
487 ソクラテス以前の哲学
499 カント哲学
500 マルクス以後のマルクス主義
512 ルネサンスの哲学
519 発生的認識論
520 アナーキズム
523 思春期
525 錬金術
535 占星術
542 ヘーゲル哲学
546 異端審問
550 愛
576 キリスト教思想
592 秘儀伝授
594 ヨーガ
607 東方正教会

---

625 異端カタリ派
680 ドイツ哲学史
697 オプス・デイ
702 精神分析と文学
704 トマス哲学入門
707 仏教
708 死海写本
710 心理学の歴史
722 薔薇十字団
723 インド教
726 ギリシア神話
733 死後の世界
738 医の倫理
739 心霊主義
742 ベルクソン
745 ユダヤ教の歴史
749 ショーペンハウアー
751 ことばの心理学
754 パスカルの哲学
762 キルケゴール
763 エゾテリスム思想
764 認知神経心理学
768 ニーチェ
773 エピステモロジー
778 フリーメーソン

---

779 ライプニッツ
780 超心理学
783 オナニズムの歴史
789 ロシア・ソヴィエト哲学史
793 フランス宗教史
802 ミシェル・フーコー
807 ドイツ古典哲学
809 カトリック神学入門
818 カバラ
835 セネカ
848 マニ教

Q 歴史・地理・民族(俗)学

826 東南アジア史
827 スロヴェニア
828 クロアチア
831 クローヴィス
834 プランタジネット家の人びと
842 コモロ諸島